HISTOIRE
DE MA VIE

L'auteur et l'éditeur de cet ouvrage se réservent le droit de le traduire ou de le faire traduire en toutes les langues. Ils poursuivront, en vertu des lois, décrets et traités internationaux, toutes contrefaçons ou toutes traductions faites au mépris de leurs droits.

PARIS. — TYPOGRAPHIE DE HENRI PLON
8, rue Garancière,

HISTOIRE DE MA VIE

PAR

GEORGE SAND

> Charité envers les autres ;
> Dignité envers soi-même ;
> Sincérité devant Dieu.

Telle est l'épigraphe du livre que j'entreprends.
15 *avril* 1847.

GEORGE SAND.

TOME DEUXIÈME

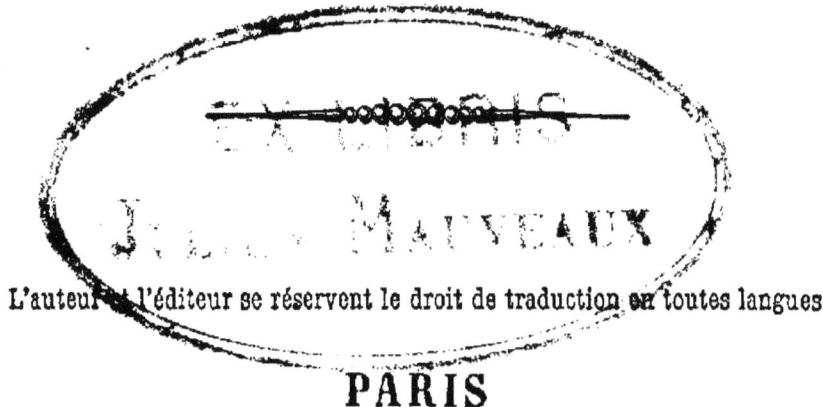

L'auteur et l'éditeur se réservent le droit de traduction en toutes langues

PARIS

MICHEL LÉVY FRÈRES, LIBRAIRES-ÉDITEURS

RUE VIVIENNE, 2 *bis*

—

1856

HISTOIRE DE MA VIE

PREMIÈRE PARTIE
(Suite.)

CHAPITRE SEPTIÈME
(Suite.)

Les *Brigands* de Schiller. — Le théâtre bourgeois de la Châtre en 1798. — La conscription. — La Tour d'Auvergne, *premier grenadier de France.*

La jeunesse allemande, en 1781, était beaucoup plus malade sous ce rapport que la jeunesse française. Ralliés autour de Voltaire et de Jean-Jacques Rousseau, nos pères, enfants alors, créaient la révolution dans leurs rêves, sans avoir conscience de sa marche et de ses résultats, mais poussés par cette fatalité de notre logique nationale. Or, Voltaire et Rousseau ne convenaient point encore à l'Allemagne, et c'est en vain qu'elle se persuade aujourd'hui qu'ils lui conviennent. Outre que revenir à eux est, dans l'ordre du progrès, un anachronisme, cet esprit positif de Voltaire, cette âme ardente et troublée de Jean-Jacques n'ont pas ce qui peut satisfaire la tendance à la fois plus enthousiaste et plus froide des Allemands [1]. Le jeune Schiller révéla leur mal, la grandeur et la faiblesse de cette génération, qu'il peignit et agita dans le drame des *Brigands* avec tant de puissance et de naïveté. Cette révélation fut chez lui si spontanée qu'il ne s'en rendit pas compte et qu'il ne comprit point son œuvre. Témoin la préface qu'il écrivit en 1781, et qui n'est qu'un mensonge de bonne foi.

Dans cette préface, il veut prouver que sa pièce est fort morale et que le monde officiel doit l'accepter comme une leçon édifiante. Sans doute sa pièce est morale comme tout ce qui est senti vivement, comme tout ce qui est un cri de l'âme, plainte ou action de grâce, reproche ou bénédiction, blasphème ou prière : quelle que soit l'émotion amère ou tendre de l'âme ainsi agitée, de l'esprit ainsi frappé, le poëte rend des oracles où, comme dans ceux des sibylles antiques, l'erreur est vérité relative, et la révélation fiction relative également;

[1] La pensée des Allemands va plus loin que la nôtre. Dans l'action ils restent en arrière. Je crois que leur esprit a plus de portée, leur caractère moins de grandeur.

mais pour la société officielle, la franchise audacieuse du jeune Schiller était immorale et funeste. L'effet produit le prouva bien, puisque après le succès éclatant de son drame, on vit des étudiants vouloir réaliser la chimère de Moor et se faire brigands réformateurs de l'Allemagne.

Telle est la donnée du drame de Schiller, et toutes les parties de l'action ne tendent qu'à la développer. Charles Moor veut punir la société coupable ; mais, en se plaçant en dehors d'elle, il s'est jeté en dehors de l'humanité, et il ne peut accomplir ses actes de justice qu'à l'aide du meurtre et de la violence. La fin justifie les moyens, c'est la morale des jésuites, c'est aussi la morale de la terreur, que nous allons voir proclamée plus naïvement dans le drame français de 1792, *Robert chef de brigands*, imitation des *Brigands* de Schiller, mais imitation libre, et où chaque modification est significative, comme nous le montrerons tout à l'heure.

En poursuivant son œuvre de farouche rémunération, Charles Moor s'aperçoit à chaque pas de son erreur fatale. Il ne lui est point possible de moraliser ses brigands philosophes et de rendre l'instrument digne de la cause. Pour punir un coupable, ils sacrifient cent victimes innocentes ; pour frapper de leur poignard un cœur impur, il leur faut marcher sur des cadavres de femmes et d'enfants. Ces hommes ont pour eux certaines vertus particulières, une audace héroïque, un dévouement sans bornes les uns pour les autres, une loyauté chevaleresque dans leurs rapports avec leur chef; mais leurs passions aveugles ne peuvent se satisfaire que dans le meurtre et le pillage. Leurs pensées sont un cauchemar sanguinaire, leurs entretiens un blasphème désespéré. L'un d'entre eux, celui à qui appartient l'initiative de cette étrange protestation, est un lâche scélérat qui salit de son contact cette œuvre impie et désastreuse, et qui, trouvant Charles Moor trop scrupuleux, menace ses jours et fait pressentir les Carrier et les Fouquier-Tinville, monstres inévitables dans les révolutions délirantes.

De son côté la société officielle, à force d'infamies et de forfaits, pousse à bout l'indignation de Charles. Son frère, François Moor, personnifie le mal qui ronge et détruit cette société corrompue et athée. François ne croit à rien, et dans son rêve du néant, il est plus odieux cent fois que le pauvre Charles dans son rêve de fatalité. Charles a cru au bien, et il y croirait encore s'il voyait régner ici-bas la justice de Dieu. Il proteste contre la puissance de Satan, il ose reprocher au principe divin d'être trop indifférent aux maux de la terre, et il se substitue à cette action trop lente et trop détournée. François ne croit ni à Satan ni à Dieu. Rien n'est bien, rien n'est mal selon lui; il étouffe le faible cri de sa conscience, il raille les croyances du genre humain.

Il est presque plus fort dans sa perversité que Charles dans son égarement. Il assassine son père, il écrase et torture ses vassaux, il vole l'héritage paternel, il ne recule devant aucune trahison, devant aucune cruauté ; à l'approche de la mort il est assailli de visions superstitieuses et de lâches frayeurs ; mais il n'est pas converti pour cela. Il échappe à ses ennemis par le suicide. C'est la société pervertie et maudite qui se précipite elle-même et meurt de ses propres mains, avant que la vengeance ait eu le temps et l'audace de la frapper.

Charles Moor, en présence de tant de forfaits, déteste le mal avec une rage croissante, et ses amis lui font autant d'horreur que ses ennemis. Il devient fou, il tue sa maîtresse, il abandonne ses complices, il va se livrer à la main du bourreau, il a maudit et répudié son œuvre, il finit par le désespoir, par une sorte d'aliénation.

Tout cela est logique et renferme un grand enseignement : c'est que la société est perdue, et qu'il n'appartient pas au désespoir de la faire revivre ; c'est que pour la purifier il faut autre chose que le glaive et la torche ; c'est, en un mot, que la *fin ne justifie pas les moyens* et qu'une œuvre de vie ne peut pas sortir des mains du bourreau, que sa hache soit bénie par l'inquisition ou par Calvin, par Richelieu ou par Marat, par le pouvoir sans croyance ou par la révolte sans entrailles.

Environ dix ans après que ce drame de Schiller eut remué l'Allemagne et fait pressentir un terrible ébranlement de la vieille société, la France prononçait la déchéance de son gouvernement et envoyait ses rois à l'échafaud. Louis XVI et son épouse allemande attendaient leur sentence dans la prison du Temple. Les spectacles n'étaient point fermés. La vie du peuple, loin d'être suspendue par les émotions de ce drame trop réel, cherchait encore dans les fictions scéniques des aliments pour sa colère, un redoublement d'intensité à cette vie fébrile qui l'agitait. Un M. Lamartellière (descendait-il du célèbre avocat, ennemi passionné des jésuites?) imagina de donner aux passions de la foule un extrait des *Brigands* de Schiller. Mais en résumant ce drame et en l'accommodant aux us et coutumes de la scène française, il lui arriva, très-naïvement sans doute, d'en changer radicalement l'esprit et la conclusion : c'est-à-dire que d'une œuvre de scepticisme ou de douleur il fit, sans se gêner, une œuvre de foi et de triomphe. Ce ne fut plus le cri d'agonie de l'Allemagne expirante, ce fut le chant de guerre de la France renouvelée. Les étudiants penseurs et exaltés de la Germanie devinrent des philosophes des clubs parisiens, et tout en leur conservant leurs noms allemands, en les transportant même du dix-huitième au quinzième siècle de l'empire germanique, l'auteur en fit des jacobins idéalisés, des septembriseurs philanthropes. Il résulta de cet amalgame (plus vraisemblable au fond qu'on ne croirait) un drame tout à fait bizarre, parfois sublime et parfois ridicule, jamais odieux; et ceci est le plaisant de l'affaire.

En effet, les brigands jacobins de *Robert* ne font point pressentir sur la scène les égarements et les crimes qu'entraîna leur système. Robert est un Charles Moor à l'eau de rose. Il est pur de tout crime, et s'il règne par la terreur, c'est parce qu'il lui plaît de se faire craindre et d'avoir de grandes moustaches rousses. D'ailleurs c'est un agneau, et, bien qu'il menace ses compagnons de leur casser la tête au moindre méfait, il les a si bien élevés qu'il n'en est pas un qui n'ait mérité dix fois le prix Monthyon. Tandis que dans Schiller les brigands jettent dans les flammes un pauvre petit enfant *qui avait froid*, les brigands de Robert se grillent la barbe pour retirer cet enfant des ruines embrasées, et ils lui choisissent une nourrice saine et propre. Ils font des pensions aux vieillards, ils offriraient pour un peu la main aux dames pour les aider à descendre de voiture tandis qu'on fait justice de leurs maris ou de leurs pères. En un mot, on ne frappe que les criminels, les scélérats que le monde officiel a oublié de juger et d'envoyer à la potence; on protége la veuve et l'orphelin, on fait la guerre aux partisans du despotisme, mais on la fait avec une admirable loyauté; jamais l'innocent ne paye pour le coupable, jamais il ne tombe, dans la bagarre, de spectateurs inoffensifs; chaque balle va à son adresse, et quand on a vidé les poches des usuriers et des concussionnaires, c'est pour remplir les mains des pauvres. Tout cela est fort peu vraisemblable, comme on voit; mais il serait oiseux de critiquer une aussi mauvaise pièce. Ce qui est digne d'examen, c'est la doctrine qu'elle renferme.

Cette doctrine n'est rien moins que celle de la Montagne, telle que des cœurs purs et généreux ont pu la concevoir, sans prévision aucune des excès auxquels leur système d'épouvante et d'hostilité allait les entraîner. Il y a une scène où Robert demande compte à ses vertueux complices de leur conduite; ils viennent d'assassiner un puissant personnage couvert de crimes, et ils en sont venus à bout presque sans coup férir. Eh quoi, dit le chef, personne ne l'a-t-il défendu? ses amis? — *Les tyrans n'en ont pas*, répondent les brigands. — Mais ses courtisans? — *Les courtisans sont des lâches*, etc. Tout est sur ce ton, et le public d'applaudir, comme vous pensez. Malheureusement il n'est pas nécessaire que les tyrans soient environnés d'hommes vertueux et d'amis fidèles pour que le sang coule dans de pareilles luttes, et le sang des hommes divisés d'opinions n'est pas toujours nécessairement impur de part ou d'autre; mais la révolution ne pouvait tenir compte de ces catastrophes, du moment qu'elle avait organisé le terrorisme, et en rêvant ce système terrible, elle ne voulait pas les prévoir.

Ce n'est pas ici que je jugerai ce système. Quoi qu'on fasse d'ailleurs, je doute qu'on puisse le bien juger, et jusqu'ici les historiens [1] n'ont pas résolu les questions qu'il soulève. Le temps n'est peut-être pas encore venu où les amis de l'humanité peuvent faire le procès de la Montagne, car il est entre les mains des ennemis de l'humanité, lesquels condamnent des passions coupables au nom de passions plus coupables encore [2].

Depuis trente ans on nous pose ainsi la question : Eussiez-vous été royaliste, girondin ou jacobin ? — A coup sûr, répondrai-je, j'eusse été jacobin, car il n'est pas probable que mon intelligence se fût élevée au-dessus des idées que faisaient naître les faits. A l'heure qu'il est, quelque chose qui arrivât, je ne serais pas jacobin, mais je ne serais ni girondin, ni royaliste. Vous voyez bien que c'est une question insoluble quand on la pose ailleurs que dans le passé. Quand nous serons à la fois plus intelligents et plus humains que la Montagne, nous condamne-

---

[1] J'écris au commencement de 1848.

[2] M. de Lamartine, avec de pures intentions et un talent admirable, n'a rien résolu. Il a été l'avocat généreux et sincère de tous les partis. Il n'a rien pu et peut-être rien *dû* conclure sur cette doctrine.

rons la Montagne. Nous sommes déjà assez humains pour détester la guillotine et les proscriptions, sommes-nous assez habiles pour sauver une révolution qui suivrait les mêmes phases et rencontrerait les mêmes obstacles? J'en doute. Ce qui rassure la conscience à l'endroit de l'avenir, c'est que les révolutions ne se copient pas les unes les autres, et que l'humanité ne repasse jamais par les mêmes chemins. Elle le voudrait en vain : la loi de la vie s'y oppose.

Laissons donc à d'autres le souci de conclure sur une hypothèse qui ne se réalisera jamais. Tout ce qui a été dit, tout ce qui sera dit, observé, raconté, analysé sur les événements de notre histoire, sera utile à ceux qui auront un jour à prononcer sur ses erreurs et sur ses bienfaits.

Ce qui m'occupe en ce moment, le petit fait littéraire que j'analyse, n'est pas indigne d'occuper un instant mon lecteur. Qu'il se rappelle ou qu'il apprenne, s'il ne le sait, la conclusion des *Brigands* fascinés de Schiller. Comme invention historique, ce dénoûment placé au quinzième siècle est vraiment à mourir de rire; mais comme pressentiment révolutionnaire, il est très-intéressant. Charles Moor, c'est-à-dire *Robert chef de brigands*, se couvre de tant de gloire et fait tant de belles choses, que la société se réconcilie avec lui; le césar germanique lui tend les bras, sa maîtresse persévère dans son amour et l'épouse; son père le bénit, les populations vont le porter en triomphe, et désormais l'Allemagne régénérée va adopter les principes des brigands de Robert et placer ces hommes d'élite à la tête de ses armées et de son gouvernement. En d'autres termes, la Montagne l'emporte, Robespierre va régner; le monde est revenu de ses erreurs. La terreur a passé sur la terre comme un nuage rempli d'une rosée bienfaisante. Le glaive de la guillotine a épuré l'humanité. Ces hommes méconnus qu'on traitait hier de brigands et d'assassins vont être demain les archanges de la révolution. Ils ont terrassé le diable, ils ouvrent aux peuples réconciliés le chemin du ciel. *Hercule* a béni leurs travaux[1]. *La fin a justifié les moyens.* Voilà la doctrine terroriste : ce n'est pas la mienne; mais de quoi vous plaignez-vous, vous tous qui avez servi le despotisme? Est-ce que ce n'est pas la vôtre aussi?

Erreur de nos pères, je te déplore et ne te maudis pas!... Mais voici un fait plus curieux : nos pères jouaient *Robert chef de brigands* en 1798! La terreur avait passé, le nuage avait crevé sur leurs propres têtes; il avait vomi des fléaux épouvantables, on savait alors, hélas! que la fin ne justifie pas les moyens. Les brigands de Robert avaient

---

[1] Pourquoi diable *Hercule?* Demandez-le à l'esprit du temps. C'est le seul dieu qu'invoquent les brigands de Robert.

tenté en vain d'épurer l'humanité. Elle se réveillait au milieu des ruines fumantes, elle essuyait à la hâte le sang qu'elle venait de verser; elle avait tué Robert et ses complices, désormais haïs et stigmatisés comme des cannibales. Le Directoire était une anarchie souillée de plus de vices que le comité de salut public n'avait de crimes à se reprocher. Le monde n'était pas renouvelé, car l'ennemi était à nos portes et nous appelions un dictateur pour nous sauver. Les hommes qui avaient dépassé les rigueurs et les soupçons de Robespierre avaient assassiné Robespierre, et ils essayaient en vain de s'en faire un mérite auprès de la nation, qui les méprisait et se défiait d'eux. La conscience de nos pères leur criait la formule implicitement proclamée par Schiller : *Non, la fin ne justifiera jamais les moyens.* Et pourtant Bonaparte approchait du pouvoir avec cette doctrine, et ils allaient encore une fois la subir; ils ne s'en inquiétaient point, ils riaient, nos jeunes parents, ils étaient gais, ils avaient hâte de vivre et d'oublier leurs souffrances; ils jouaient avec les débris de cette pensée terrible, ils s'habillaient en brigands, ils se passionnaient pour le rôle de réformateurs; ils disaient encore avec emphase : *Les tyrans n'ont point d'amis, leur mort est un bienfait pour leurs sujets; les courtisans sont des lâches,* etc., etc., et la tyrannie du génie approchait. Les *sujets* de Napoléon allaient périr par milliers pour sa gloire, et le règne des courtisans allait refleurir plus brillant et plus insolent que sous l'ancienne monarchie! Robespierre chef de brigands s'était donc trompé? Hélas! oui. N'avait-il pas fini en réalité comme Charles Moor, en détestant son œuvre et en se livrant aux coups de ses ennemis?

L'illusion qui l'avait porté si haut, le prestige de l'idée qui l'avait fait si fort lui survivaient donc, puisque, lui maudit et sacrifié, on recommençait sous une autre forme à croire au salut du monde! C'est que la foi est impérissable. La république s'était parée de ce titre et ne le porta pas longtemps, mais l'instinct du vrai et du juste n'était pas détruit avec des formes passagères. Ces formes étaient là comme de vieux costumes de théâtre qu'on rajeunit pour les faire servir à d'autres rôles, à de nouvelles fictions. Mon père ceignit avec joie la ceinture garnie de pistolets du chef des brigands, ses jeunes amis (plusieurs avaient déjà servi la république comme volontaires) s'enrôlèrent dans sa troupe, et tous ensemble, oubliant qu'ils jouaient une pièce jacobine, rêvèrent de combats et de prodiges. Ces brigands n'étaient plus des sans-culottes futurs, c'étaient des maréchaux de France en herbe. Robert allait s'appeler Bonaparte.

Ces représentations théâtrales remplirent les loisirs de la société de la Châtre durant quelques mois, et chauffèrent l'imagination de mon père plus que sa mère ne pouvait le prévoir. Bientôt l'action scénique n'allait plus le satisfaire, et il allait échanger son sabre de bois doré pour un sabre à la hussarde.

Je viens de lire cette analyse de *Robert* à un mien ami d'enfance, fils d'un ami de mon père. La mère de mon ami Charles Duvernet jouait le rôle de Sophie, l'héroïne de la pièce, et elle le joua fort bien, quoique (ou, pour mieux dire, *parce que*) elle n'avait aucune méthode et aucune tradition. Elle était alors presque enfant, mariée de la veille, n'étant jamais sortie de sa province, et non-seulement n'ayant jamais joué la comédie, mais ne l'ayant jamais vu jouer. La première représentation théâtrale à laquelle elle assista fut donc celle même où elle joua résolûment ce rôle larmoyant et difficile. Elle le joua d'inspiration, et cela avait bien son mérite. Cette dame intelligente a conservé les moindres souvenirs de l'incident que je raconte, et son fils me transmet de sa part une note très-curieuse. M. Duvernet, père de mon ami, et M. Delatouche, père de mon autre ami et compatriote, l'auteur de *Fragoletta*[1], jouaient aussi des rôles importants dans la pièce.

Voici la note qu'on veut bien me communiquer;

---

[1] Je parlerai ailleurs de M. Delatouche, auquel je dois de si bons conseils et l'encouragement de mes premiers pas dans la carrière littéraire.

on y trouvera des circonstances singulières et qui révèlent une époque unique dans l'histoire :

« Près de l'église des Carmes, à la Châtre (actuel-
» lement le théâtre de la Mairie), s'élevait, au mi-
» lieu du jardin des Carmes, le logement de ces
» religieux, bâtiment vaste et grandiose (détruit
» entièrement en 1816). A l'époque de la révolu-
» tion, longtemps après la fermeture de l'église, la
» *Société populaire,* correspondant avec la Société
» des jacobins, choisit pour le lieu de ses séances le
» réfectoire des carmes, pièce vaste, carrée, sous
» solives, et percée de fenêtres donnant sur le jar-
» din avec porte d'entrée à grand cintre. Dans cette
» salle on construisit des gradins pour asseoir les as-
» sistants, probablement aussi pour figurer la Mon-
» tagne. Mais l'emplacement de ces gradins ne dé-
» passait pas le tiers de la salle. On apporta la chaire
» de l'église des Carmes et elle fut placée au fond
» de la salle pour servir de tribune aux harangues.
» Le populaire envahissait le reste de l'espace, se
» tenant debout, et les jours de décade on y dansait.

» La réaction thermidorienne arriva, puis le Di-
» rectoire. On respirait, *on se mariait,* on voulait
» rire et s'amuser. Une société dramatique se con-
» stitua. La salle du réfectoire des moines, c'est-à-
» dire le club avec ses gradins, fut choisie pour la
» construction du théâtre. On enleva la chaire, et
» le théâtre s'avança à la place ; en face, derrière le

» mur auquel s'adossaient les gradins, un immense
» escalier conduisait aux dortoirs, qui étaient de-
» venus les bureaux de différentes administrations.
» Sur le premier palier de cet escalier, on perça une
» porte qui entrait directement sur le haut des gra-
» dins. Ce fut l'entrée des *premières.* Le parterre et
» l'orchestre occupèrent naturellement l'espace resté
» libre entre les gradins et le théâtre.

» A côté du réfectoire s'étendait l'immense cuisine
» des carmes. Ce fut le foyer et en même temps la
» loge des acteurs ; des tapisseries suspendues sépa-
» rèrent les deux sexes.

» Pendant le cours des représentations, M. Des-
» chartres demanda à venir s'adjoindre à l'orchestre
» avec son élève M. Maurice Dupin, alors âgé de dix-
» huit à dix-neuf ans. L'année suivante M. Dupin dé-
» sira quitter l'orchestre et faire partie de la troupe.
» Il y eut grand débat, et, chose étonnante, ce
» furent les dames qui se montrèrent récalcitrantes.
» M. Duvernet était, comme ami, le partisan naturel
» du postulant, et la majorité des hommes se rangea
» à son avis. La faction féminine fit beaucoup de
» bruit, se récriant contre le *grand seigneur :* mais,
» quand on fut au scrutin, on s'aperçut que cette
» répulsion n'avait pas influencé les votes. On vo-
» tait avec des haricots blancs ou rouges.

» M. Dupin, admis, apporta sa fougue de jeu-
» nesse, qui dérouta plus d'une fois les traditions

» classiques du directeur, M. Delatouche père. Enfin
» une pièce devant laquelle on avait reculé à cause
» de la difficulté du principal rôle et de la mise en
» scène fut adoptée. C'était *Robert, chef de brigands.*
» M. Dupin se chargea du rôle de *Robert,* et dirigea
» la mise en scène. On fit de nouveaux décors, on
» enrégimenta des comparses, et les soldats de Ro-
» bert furent des Hongrois-Croates qui étaient en
» France comme prisonniers de guerre et qui avaient
» été cantonnés à la Châtre. On leur faisait simuler
» un combat. On leur fit comprendre qu'après la
» bataille ils devaient paraître blessés; ils se concer-
» tèrent si bien et ils y mirent tant de conscience,
» qu'à la représentation on les vit sortir de la mê-
» lée boitant tous du même pied.

» Le costume de Robert consistait en une pelisse
» de hussard attachée au cou par une agrafe de
» diamants, un pantalon collant rouge, une ceinture
» en laine remplie d'une effroyable garniture de pis-
» tolets et de poignards, des bottes Louis XIII, un
» ample manteau en laine rouge bordé de martre,
» un bonnet de fourrure. Maurice de Molda (le
» *François de Moor de Schiller*), représenté par
» M. Delatouche père, était revêtu d'un habillement
» non moins curieux : habit Louis XIV, manteau de
» satin blanc brodé d'argent, culotte courte, bas de
» soie, écharpe et chapeau à la Henri IV. Madame
» Duvernet (Sophie) avait une robe à queue sou-

» tenue par une brillante ceinture pailletée, et un
» long voile blanc tombant jusqu'à terre. »

Ainsi mon père, chef de brigands sur les planches d'un théâtre où les moines avaient fait chère lie et où la Montagne avait tenu ses séances, commandait à des Hongrois et à des Croates prisonniers. Deux ans plus tard il était fait prisonnier lui-même par des Croates et des Hongrois, qui ne lui faisaient pas jouer la comédie et qui le traitaient plus rudement. La vie est un roman que chacun de nous porte en soi, passé et avenir.

Mais au milieu des irrésolutions de ma grand'-mère pour la carrière de son fils, arriva cette fameuse loi du 2 vendémiaire an VII (23 septembre 1798), proposée par Jourdan, et qui déclarait tout Français soldat par droit et par devoir pendant une époque déterminée de sa vie.

La guerre, endormie un moment, menaçait d'éclater de nouveau sur tous les points. La Prusse hésitait dans sa neutralité, la Russie et l'Autriche armaient avec ardeur. Naples enrôlait toute sa population. L'armée française était décimée par les combats, les maladies et la désertion. La loi de la conscription imaginée et adoptée, le Directoire la mit à exécution sur-le-champ en ordonnant une levée de deux cent mille conscrits. Mon père avait vingt ans.

Depuis longtemps son cœur bondissait d'impatience; l'inaction lui pesait, le jeune homme s'agitait et faisait des vœux pour qu'un gouvernement *stable,* comme disait sa mère, lui permît de servir. Il faisait bon marché, lui, de la stabilité des choses. Quand les réquisitions forcées venaient lui enlever son unique cheval, il frappait du pied en disant : « Si j'étais militaire, j'aurais le droit d'être cavalier; je prendrais à l'ennemi des chevaux pour la France, au lieu de me voir mettre à pied comme un être inutile et faible. » Soit instinct aventureux et chevaleresque, soit séduction des idées nouvelles, soit insouciance de tempérament, soit plutôt, comme ses lettres le prouvent en toute occasion, le bon sens d'un esprit clair et calme, jamais il ne regretta l'ancien régime et l'opulence de ses premières années. La gloire était pour lui un mot vague, mystérieux, qui l'empêchait de dormir, et quand sa mère s'attachait à lui prouver qu'il n'y a pas de gloire véritable à servir une *mauvaise cause,* il n'osait pas discuter, mais il soupirait profondément et se disait tout bas que toute cause est bonne pourvu qu'on ait son pays à défendre et le joug étranger à repousser. Probablement ma grand'mère le sentait aussi, car elle admirait beaucoup les grands faits d'armes de l'armée républicaine, et elle connaissait Jemmapes et Valmy sur le bout du doigt, tout aussi bien que Fontenoy et l'ancien Fleurus : mais elle ne pouvait concilier sa logique avec l'effroi de perdre son unique enfant. Elle l'aurait bien voulu voir pourvu d'un régiment, à condition qu'il n'y aurait jamais de guerre. L'idée qu'il pût un jour manger à la gamelle et coucher en plein champ lui faisait dresser les cheveux sur la tête. A la pensée d'une bataille, elle se sentait mourir. Je n'ai jamais vu de femme si courageuse pour elle-même, si faible pour les autres ; si calme dans les dangers personnels, si pusillanime pour les dangers de ceux qu'elle aimait. Quand j'étais enfant, elle m'endoctrinait si bien au stoïcisme, que j'aurais eu honte de crier devant elle en me faisant du mal ; mais si elle en était témoin, c'était elle alors, la chère femme, qui jetait les hauts cris. Toute sa vie s'écoula dans cette contradiction touchante ; et comme tout ce qui est bon produit quelque chose de bon, comme ce qui vient du cœur agit toujours sur le cœur, sa tendre faiblesse ne produisait pas sur ses enfants un effet contraire à celui où tendaient ses enseignements. On puisait plus de courage dans la volonté de lui épargner de la douleur et de l'effroi en lui cachant de petites souffrances, qu'on n'en aurait peut-être eu si elle n'en eût pas manqué en les voyant. Ma mère était tout le contraire. Rude à elle-même et aux autres, elle avait le précieux sang-froid, l'admirable présence d'esprit qui apportent le secours et inspirent la confiance. Ces deux façons d'agir sont bonnes apparemment quoique diamétralement opposées.

D'où l'on pourra conclure tout ce qu'on voudra. Quant à moi, je n'ai pas trouvé les théories applicables dans l'éducation des enfants. Ce sont des créatures si mobiles, que si on ne se fait pas mobile comme elles (quand on le peut), elles vous échappent à chaque heure de leur développement.

Mon père avait été appelé à Paris dans les derniers jours de l'an VI pour régler quelques intérêts, et, dans les premiers jours de l'an VII, cette terrible loi de la conscription vint le frapper d'un choc électrique et décider de sa vie. J'ai assez indiqué les agitations de la mère et les secrets désirs de l'enfant. Je le laisserai maintenant parler lui-même.

LETTRE PREMIÈRE

Sans date. C'est dans les derniers jours de l'an VI (septembre 1798). Paris.

A LA CITOYENNE DUPIN, A NOHANT.

J'ai enfin reçu une lettre de toi, ma bonne mère. Elle a mis huit jours à faire la route, ça ne laisse pas que d'être expéditif. Que tu es bonne de me regretter! Ainsi tu crains que je réussisse et que je ne réussisse pas? l'alternative est singulière. Quant à moi, je suis assez tranquille sur les affai-

res de famille que nous avons sur les bras. De cela
je m'occupe avec Beaumont, ne te tourmente pas.
Nous nous en tirerons. Mais quant aux événements,
tes inquiétudes me chagrinent; ma pauvre maman,
sois courageuse, je t'en prie. Il est impossible, sous
aucun prétexte, de s'exempter de la dernière loi, et
elle me concerne absolument. Les généraux ne peuvent prendre d'aides de camp que dans la classe des
officiers. Les institutions publiques, telles que l'École
polytechnique, le Conservatoire de musique, etc.,
ont reçu ordre de n'admettre aucun élève compris
dans la première classe. Ainsi, tu le vois, il faut
servir, et il n'y a aucun moyen de n'être pas soldat. Beaumont a frappé à toutes les portes, et partout même réponse. On ne commence plus par être
officier, on finit par là, si on peut. Beaumont connaît tout Paris, il est particulièrement lié avec Barras et Rewbell. Il m'a présenté au brave M. de la
Tour d'Auvergne, qui par son intrépidité, ses talents, sa modestie, est digne d'être le Turenne de
ce temps-ci. Après m'avoir examiné quelque temps
avec beaucoup d'attention, il m'a dit : *Est-ce que le
petit-fils du maréchal de Saxe aurait peur de faire
une campagne?* Ce mot-là ne m'a fait ni pâlir ni
rougir, et je lui ai répondu : *Non certainement,* en
le regardant bien en face. Et puis j'ai ajouté : « Mais
j'ai fait quelques études, je puis acquérir quelques
talents, et je croirais servir mieux mon pays dans

CHAPITRE SEPTIÈME.

un grade ou dans un état-major que dans les rangs aveugles du simple soldat. — Eh bien, a-t-il dit, c'est vrai, et il faut parvenir à un poste honorable. Cependant il faut commencer par être soldat, et voilà ce que j'imagine pour que vous le soyez le moins longtemps et le moins durement possible. J'ai un ami intime, colonel du 10ᵉ régiment de chasseurs à cheval. Il faut entrer dans son régiment. il sera enchanté de vous avoir. C'est un homme d'une naissance *autrefois illustre*. Il vous comblera d'amitié. Vous resterez simple chasseur le temps nécessaire pour vous perfectionner dans l'équitation. Ce colonel est sur la liste des généraux. S'il est nommé, à ma recommandation il vous approchera de sa personne; s'il ne l'est pas, je vous fais entrer dans le génie. Mais, quoi qu'il puisse arriver, vous ne devez aspirer à aucun grade que vous n'ayez rempli les conditions prescrites, c'est dans l'ordre. Nous saurons allier la gloire et le devoir, le plaisir de servir la patrie avec éclat et les lois de la justice et de la raison. » — Voilà à peu près mot pour mot son discours.

Eh bien, maman, qu'en dis-tu? Il n'y a rien à répondre à cela! n'est-ce pas beau d'être un homme, un brave comme la Tour d'Auvergne? Ne faut-il pas acheter cet honneur-là par quelques sacrifices, et voudrais-tu qu'on dît que ton fils, le petit-fils de ton père Maurice de Saxe, eut peur de faire une campagne? La carrière est ouverte. Faut-il préférer un éternel et honteux repos au sentier pénible du devoir? Et puis, il n'y a pas que cela. Songe, maman, que j'ai vingt ans, que nous sommes ruinés, que j'ai une longue carrière à parcourir, toi aussi, Dieu merci! et que je puis, en devenant quelque chose, te rendre un peu de l'aisance que tu as perdue. C'est mon devoir, c'est mon ambition. Beaumont est content de me voir dans ces idées-là. Il dit qu'il faut en prendre son parti. Il est bien évident qu'un homme qui n'attend pas qu'on l'inscrive sur un registre comme une marchandise livrée, mais qui, au contraire, se présente volontairement pour courir à la défense de son pays, a plus de droits à la bienveillance et à l'avancement que celui qui s'y fait traîner de force. Cette conduite ne sera pas approuvée par les personnes de notre classe? elles auront grand tort, et moi je désapprouverai leur désapprobation. Laissons-les dire, elles feraient mieux de m'imiter. J'en vois d'autres qui font plus que moi les patriotes et les beaux *Titus*, et qui ne se sentent pas du tout pressés d'aller rejoindre le drapeau.

On croit peu ici à la paix, et Beaumont ne me conseille pas du tout d'y compter. M. de la Tour d'Auvergne m'a déjà pris en amitié. Il a dit à Beaumont qu'il aimait mon air calme, et qu'à la manière dont je lui avais répondu il avait senti en moi un homme. Tu diras à cela, bonne mère, qu'il m'a vu dans mon beau moment! mais enfin on peut avoir souvent de ces moments-là; il ne faut que l'occasion. Notre fortune est renversée : faut-il pour cela nous laisser abattre? N'est-il pas plus beau de s'élever sur ses propres revers que de tomber par sa faute du faîte des hauteurs où le hasard vous avait placé? Les commencements de cette carrière ne peuvent paraître repoussants qu'à un esprit vulgaire; mais toi, tu n'auras pas honte d'être la mère d'un brave soldat. Les armées sont très-bien disciplinées maintenant, les officiers sont tous gens de mérite, n'aie donc pas peur. Il ne s'agit pas d'aller se battre tout de suite, mais de passer quelque temps aux études du manége. Ce sera d'autant moins désagréable que tu m'en as fait apprendre plus peut-être qu'on n'en a à me montrer. Je n'ai pas besoin de me vanter de cela, mais je ne ferai point un apprentissage qui compromette mes os ni qui prête à rire aux assistants. Tu peux, du moins, être bien tranquille là-dessus.

Adieu, maman, donne-moi ton avis sur toutes mes réflexions, et songe que du chagrin de notre séparation peut résulter un grand bien pour nous deux. Adieu encore, ma bonne mère, je t'embrasse de toute mon âme.... — Ah! voilà le jambon qui arrive dans un état admirable. Nous allons l'entamer à dîner : il sera parfait. J'ai été hier aux Italiens, j'allais oublier de te le dire : on donnait *Zoraïme et Gulnare,* sujet imité de *Gonzalve de Cordoue.* La musique est d'un goût très-nouveau. C'est de l'arabe vu à travers M. de Florian. En somme, c'est très-joli. Martin et Elleviou y chantent admirablement. Chenard fait un geôlier mulâtre, il est épouvantable, et, comme toujours, il fait pouffer de rire. C'est un excellent comique. Les décorations réalisent les rêves de l'Alhambra et des belles campagnes de l'Andalousie. J'étais au parterre, et dans l'entr'acte, ayant vu Rodier et sa famille arriver à la galerie, j'ai été, sans faire semblant de rien, me planter derrière eux, et pendant qu'ils causaient je me suis mêlé de leur conversation. Ils furent bien étonnés, et se retournant, ils me virent. Ce furent des rires et des extravagances pour tout le reste de la soirée. En sortant, je sens dans le vestibule quelqu'un qui me saute sur les épaules. C'était d'Aubajon. « Eh! bonjour! Eh! bonsoir! Eh! mon ami! Eh! mon camarade! » Nous nous sommes aperçus que nous donnions le spectacle aux spectateurs, et nous avons été prendre une bavaroise ensemble.

— Je présente mes hommages à ces dames. Incessamment *je mettrai la main à la plume* pour témoigner à madame de la Marlière combien..... d'autant plus que...... enfin suffit! elle verra de mon style. Je fais des vœux pour que mademoiselle Fanny fasse au reversi de plus grands progrès que moi. Je fais valser ma bonne, j'embrasse Deschartres et je l'engage à mettre un peu plus de colophane à son archet pour éviter les *couacs* et les *riquiquis*. Allons, ris donc, ma bonne mère !

———

La vie des grands hommes modestes est inédite en grande partie. Combien de mouvements admirables n'ont eu pour témoins que Dieu et la conscience ! La lettre qu'on vient de lire en offre un qui me pénètre profondément. Voilà ce la Tour d'Auvergne, *le premier grenadier de France*, ce héros de bravoure et de simplicité, qui, peu de temps après, partit lui-même comme simple soldat quoique ses cheveux blancs ne lui rendissent pas la nouvelle loi applicable. Il faut rappeler cette aventure, que plusieurs personnes ont peut-être oubliée. Il avait un vieux ami octogénaire qui ne vivait que du travail de son petit-fils. La loi de la conscription frappe sur ce jeune homme : aucun moyen alors de se racheter. La Tour d'Auvergne obtient, comme une faveur spéciale du gouvernement, en récompense d'une vie glorieuse, de partir comme simple soldat pour remplacer l'enfant de son ami. Il part, il se couvre d'une gloire nouvelle, il meurt sur le champ d'honneur, sans avoir jamais voulu accepter aucune récompense, aucune dignité !... Eh bien ! voilà cet homme, avec de tels sentiments, avec le projet arrêté déjà peut-être de se faire conscrit (à cinquante-cinq ans) à la place d'un pauvre jeune homme, qui se trouve en présence d'un autre jeune homme, lequel hésite devant la nécessité de se faire soldat. Il examine attentivement cet enfant gâté qu'une mère craintive voudrait soustraire aux rigueurs de la discipline et aux dangers de la guerre. Il interroge son regard, son attitude. On sent que s'il découvre en lui un lâche cœur il ne s'y intéressera pas et le fera rougir d'être le petit-fils d'un illustre militaire. Mais un mot, un regard de cet enfant lui suffisent pour pressentir en lui un homme, et tout aussitôt il le prend en amitié, il lui parle avec douceur, il condescend, par de généreuses promesses, à la sollicitude de sa mère. Il sait que toutes les mères ne sont pas des héroïnes ; il devine que celle-là ne peut pas adorer la république, que ce jeune homme a été élevé avec des délicatesses infinies, qu'on a de l'ambition pour lui, et qu'on ne saurait prendre pour modèle l'antique dévouement d'un la Tour d'Auvergne ; mais ce la Tour d'Auvergne semble ignorer la sublimité de son propre rôle. Il en tire si peu de vanité qu'il ne le rappelle pas aux autres ; il n'exige de personne le même degré de vertu. Il peut aimer, estimer encore ceux qui aspirent au bien-être et aux honneurs qu'il méprise. Il entre dans leurs projets, il caresse leurs espérances, il travaillera à les réaliser, tout comme le ferait un homme ordinaire qui apprécierait les douceurs de la vie et les sourires de la fortune ; et, comme s'il se parlait à lui-même, pour amoindrir son mérite à ses propres yeux et pour se préserver de l'orgueil, il se résume en disant : *On peut concilier la gloire et le devoir, le plaisir de servir sa patrie avec éclat et les lois de la justice et de la raison.*

Pour moi, ce langage bienveillant et simple est trois fois grand, trois fois saint, dans la bouche d'un héros. Ce qu'on voit, ce qu'on sait d'une vie éclatante peut toujours être imputé à un secret raffinement de l'orgueil. C'est dans le détail, c'est dans les faits insignifiants en apparence qu'on saisit le secret de la conscience humaine.

Si j'avais jamais douté de la naïveté dans l'héroïsme, j'en verrais une preuve dans cette douceur du *premier grenadier de France.* Tout autre à sa place eût fort bien pu dire à mon père : « Mon enfant, vous êtes du sang de Maurice de Saxe, moi je suis du sang de Turenne ; vous sortez du nid où une tendre mère vous a doucement couvé, moi j'ai blanchi sur les champs de bataille et je compte plus de trente ans de services effectifs ; je crois donc que mon existence est aussi précieuse que la vôtre ; pourtant vous craignez d'être forcé de devenir soldat, et moi je vais l'être de mon propre mouvement. Dites cela à votre mère, et réfléchissez-y un peu pour votre compte. »

Ce langage eût été fort sage, fort légitime et sans réplique. Eh bien ! il ne vint pas à l'esprit de la Tour d'Auvergne de se proposer en exemple et d'établir une comparaison qui pût faire rougir le jeune homme. Délicat et généreux, il devina ce qui se passait au fond du cœur de ce pauvre enfant ; il vit la lutte que son ardeur juvénile livrait à l'amour filial, à la crainte de désoler une mère adorée. Le vieux soldat eut lui-même un instant le cœur d'une mère pour consoler et encourager cet enfant auquel il semble qu'il eût voulu pouvoir ôter les épines du chemin.

Mon père n'analysa point cette conduite touchante, du moins il ne le fit pas en la rapportant à sa mère. Mais il est certain que son entrevue avec cet homme qui avait commandé la *colonne infernale*, et qui avait un cœur si tendre et un langage si doux, lui fit une impression profonde. Dès ce jour son parti fut pris, et il trouva en lui-même un certain art pour tromper sa mère sur les dangers qui allaient environner sa nouvelle existence. On voit déjà qu'en lui parlant d'études de manége, il cherche à détourner sa pensée de l'éventualité prochaine des batailles. Par la suite, on le verra plus ingénieux encore à lui épargner les tourments de l'inquiétude, jusqu'au moment où, blasé lui-même sur l'émotion du péril, il semble croire qu'elle se soit habituée aux chances de la guerre. Mais elle n'en prit jamais son

parti, et longtemps après elle écrivait à son frère l'abbé de Beaumont : « Je déteste la gloire, je vou-
» drais réduire en cendres tous ces lauriers où je
» m'attends toujours à voir le sang de mon fils. Il
» aime ce qui fait mon supplice, et je sais qu'au
» lieu de se préserver il est toujours, et même inu-
» tilement, au poste le plus périlleux. Il a bu à cette
» coupe d'enivrement depuis le jour où pour la pre-
» mière fois il a vu M. de la Tour d'Auvergne ; c'est
» ce maudit héros qui lui a tourné la tête ! »

Je reprends la transcription de ces chères lettres, et je ne puis me persuader que mon lecteur les trouve trop longues ou trop nombreuses. Quant à moi, lorsque je sens qu'en les publiant j'arrache parfois à l'oubli quelque détail qui honore l'humanité, je me réconcilie avec ma tâche et je goûte un plaisir que ne m'ont jamais donné les fictions du roman.

CHAPITRE HUITIÈME

Suite des lettres. — Enrôlement volontaire. — Élan militaire de la jeunesse en 1798. — Lettre de la Tour d'Auvergne. — La gamelle. — Cologne. — Le général d'Harville. — Caulaincourt.— Le capitaine Fleury.—Amour de la patrie. — Durosnel.

LETTRE II

Paris, 6 vendémiaire an VII (septembre 1798).

Je t'écris, ma bonne mère, de chez notre *Navarrais*[1]. La loi de la conscription proclamée ce matin, et qui ordonne de rejoindre dans les vingt-six jours, m'empêche d'attendre ta réponse et me détermine à prendre le parti dont je t'ai parlé. Nous allons tous les deux ce matin chez le capitaine des chasseurs afin de terminer cette affaire. Ne t'inquiète pas, ma bonne mère. Il s'agit d'aller en garnison à Bruxelles, et non point au feu de l'ennemi. J'aurai probablement un congé ou une ordonnance qui me *forcera*

---

[1] L'abbé de Beaumont, son oncle.

de venir bientôt t'embrasser. Tous les jeunes gens ici ont la tête ou la figure à l'envers. Toutes les jolies femmes et les bonnes mères se désolent; mais il n'y a pas de quoi, je t'assure. Je vais endosser le dolman vert, prendre le grand sabre et laisser croître mes moustaches. Te voilà mère d'un défenseur de la patrie, et ayant droit au milliard; c'est un profit tout clair. Allons, ma bonne mère, ne t'afflige pas, tu me reverras bientôt. Je n'aurai pas plutôt fait deux ou trois mois de garnison, que j'obtiendrai, par le moyen de notre ami, une petite commission pour Nohant, sois-en bien certaine et regarde tout ceci comme un voyage forcé pour affaires. Je n'ai qu'un chagrin, c'est de m'éloigner de toi pour quelque temps. Car de partir comme simple soldat, je m'en moque; et, quant à toi, sois bien sûre que tu ne dois pas avoir la moindre inquiétude sur mon compte. Adieu, ma bonne mère, je t'embrasse de toute mon âme; ne t'afflige pas, je t'en supplie !

LETTRE III

Paris, 7 vendémiaire (septembre 98).

Je ne conçois pas, ma bonne mère, pourquoi tu n'as pas reçu plus tôt de mes nouvelles. Je t'ai écrit chaque courrier avec la plus grande exactitude. J'attendais de jour en jour ta réponse sur mon nouvel état, mais elle ne m'est pas encore parvenue. On publie dans toutes les rues la conscription et l'appel aux jeunes gens. Cet appel consiste, à ce qu'on dit, à les faire fourrer en prison et à les forcer de rejoindre leur corps. Il ne faut pas que cela t'effraye. Je ne suis plus de la conscription, je suis volontaire. J'ai le grand sabre, la toque rouge et le dolman vert. Quant à mes moustaches, elles ne sont pas encore aussi longues que je pourrais le désirer : mais cela viendra. Déjà on *tremble à mon aspect;* du moins je l'espère. Allons, ma chère bonne mère, ne t'afflige pas, je viendrai te voir si tu veux à Nohant avant d'aller en garnison. Mon capitaine me l'a offert. C'est un fort galant homme, froid comme une corde à puits, mais qui sait bien agir. J'ai la certitude d'avoir bientôt de l'avancement. De tout temps j'ai aspiré à l'état militaire ; j'aurais toujours été obligé de me séparer de toi. Il faut enfin, tu le sais, embrasser un état. Avec de la volonté et du courage, je peux réussir dans celui-ci. Je suis soldat ; mais le maréchal de Saxe n'a-t-il pas servi volontairement dans ce poste pendant deux ans ? Toi-même tu reconnaissais que j'étais en âge de chercher un état. Je tergiversais sur le choix, parce que tu craignais trop la guerre, mais au fond **je désirais d'être forcé par les circonstances à suivre mes inclinations. Le fait est arrivé. Je serais heu-**

reux de cela sans la douleur de te quitter et sans tes inquiétudes qui me déchirent ; mais je t'assure, ma bonne mère, que là où je vais on ne se bat pas, et que j'aurai souvent des congés pour te voir. Allons, ton chasseur t'embrasse de toute son âme et présente ses respects à ces dames. Il y a dans le régiment une place vacante de trompette, propose-la au père Deschartres. J'embrasse ma bonne. Adieu, adieu, je t'aime.

LETTRE IV

Paris, 11 vendémiaire (septembre 98).

J'ai reçu à la fois tes deux lettres, ma bonne mère. Dans la première tu crains que je n'agisse trop vite, dans la seconde que je n'arrive pas à temps. Tranquillise-toi. La proclamation m'a déterminé, et, comme je te l'ai déjà écrit, je suis soldat de la république. J'ai des recommandations fort bonnes, et quoi que tu dises de mon envie de guerroyer, me voilà condamné à six mois de garnison. Tu peux donc dormir sur les deux oreilles pendant six mois, et c'est beaucoup. Je te donnerai exactement de mes nouvelles ; je dois être à Bruxelles le 19 du courant et je n'ai plus que cinq jours pour me retourner, car il m'en faut trois pour gagner mon poste. Mon capitaine, qui est froid, mais obligeant, m'a pourtant dit que si mes affaires me retenaient ici quelques jours de plus, il ferait allonger ma feuille de route. Je m'emballerai dans la diligence, et j'arriverai ainsi comme un prince. Le gouvernement nous donne pourtant trois sols par lieue, ce qui fait neuf à dix livres de Paris à Bruxelles : voilà, j'espère, de quoi voyager magnifiquement. Mais je ne profiterai pas de cette magnificence, et, selon ton désir, j'irai trouver M. Fournier, qui m'avancera six louis. Il m'a déjà offert davantage si j'en avais besoin. On n'est pas plus honnête et plus obligeant que lui.

A propos d'étape, je leur ai fait une belle peur l'autre jour à Épinay. J'y suis arrivé avec Rodier à neuf heures du soir. Il est entré le premier et sans m'annoncer. Je me suis introduit par les cuisines. Je donne le mot à la femme de chambre, qui arrive tout effarée au milieu du salon, où étaient ces dames, madame de Montagu et quelques autres élégantes. La femme de chambre dit à madame de Montcloux qu'il y a dans la cuisine un hussard ivre qui prétend avoir un billet de logement, qui casse tout, et dont on ne sait que faire. Voilà qu'aussitôt on appelle tous les hommes de la maison et qu'on arrive à moi en masse. Je vais au-devant d'eux dans un corridor obscur en jurant et en contrefaisant ma voix. La lumière arrivant derrière moi et ne laissant voir que mon panache et ma toque, cette méprise donna lieu aux questions et aux réponses les plus plaisantes. Rodier, mon compère, arrive d'un air furieux et veut se jeter sur moi, on le retient. Je jure de plus belle, on me retient. Enfin on me reconnaît et on rit. Mais ces dames ont eu une si belle peur qu'elles en ont toutes été malades. Voilà-t-il pas une belle manière de se présenter dans une maison! Si tu avais été là, ma bonne mère, tu aurais ri de leur mine effarée..... Mais je te vois, à toi, l'air bien triste, et cela me serre le cœur au milieu de ma gaieté. Prends courage, tout ceci n'est que momentané, et je ne te donnerai pas d'inquiétude. Adieu, ma bonne mère, je t'embrasse de toute mon âme. Ne m'oublie pas auprès du vendangeur Deschartres, digne émule de Bacchus et de Noé. J'embrasse ma bonne.

LETTRE V

Paris, le 13 vendémiaire an VII (octobre 1798).

Je t'écris au moment d'aller chez le général Beurnonville. C'est un ami de M. Perrin, ami intime du général, qui me présente. Beurnonville est général de l'armée d'Angleterre dont je fais partie, et par son moyen j'espère avoir un prompt avancement. Il sera à propos que tu lui écrives. Tu lui diras que si tu ne m'as pas envoyé plus tôt à la défense de la patrie, c'est que les lois s'y opposaient, puisqu'on m'avait compris dans la classe des nobles ; qu'enfin le décret de la conscription me permet de partir, et que tu lui demandes pour moi son appui. Dans tout cela, il n'y aura qu'une moitié de mensonge, ton zèle pour m'envoyer à la guerre. Enfin tu t'en tireras à merveille, je n'en suis pas en peine. On reparle ici de la paix, et toutes mes affaires vont probablement se passer en promenades.

J'ai été voir hier les éléphants, les lions et toute la société féroce du jardin des plantes. Il y a un chien de la taille de Tristan enfermé avec la lionne. Il la mord comme Tristan mord *la Belle*, et il la fait hurler. Cependant cette bonne bête le prend dans ses griffes, dans sa gueule terrible, sans lui faire aucun mal, et elle l'aime à la folie. Bel exemple de générosité pour nous autres hommes !

Adieu, ma bonne mère, je cours chez Beurnonville. Je te rendrai compte au premier courrier de ma démarche. Rodier part ces jours-ci pour le Berry, je t'enverrai par lui ta perruque et les souliers du père Deschartres. Aura-t-il de jolis pieds avec ces souliers-là ! Je t'embrasse de toute mon âme.

CHAPITRE HUITIÈME.

LETTRE VI

16 vendémiaire.

J'ai été chez Beurnonville, il m'a très-bien reçu. Comme cinq ou six personnes, entre autres madame de Béranger, lui avaient parlé de moi, j'ai à peine eu besoin de me nommer. Il m'a dit de repasser demain, qu'il me donnerait une lettre de recommandation pour le général en chef de l'armée de Mayence, dont je fais partie (car je me suis trompé en t'écrivant que j'étais de l'armée d'Angleterre); que bientôt, à sa recommandation, je serais employé près de ce général; que dans six semaines il viendrait nous passer en revue à Bruxelles, et qu'alors je n'avais qu'à venir le trouver, et que, dès que je serais au fait des manœuvres de la cavalerie, on ferait en sorte de m'avoir de l'avancement. Adieu, ma bonne mère, je vais chez mon capitaine pour faire prolonger ma feuille de route. Je t'embrasse comme je t'aime. J'espère que tu n'es plus inquiète?

LETTRE VII

17 vendémiaire an VII (octobre 98).

Beurnonville m'a donné deux lettres de recommandation, l'une pour le chef de brigade commandant le 10ᵉ régiment dont je fais partie ; l'autre pour le général d'Harville, inspecteur général de la cavalerie de l'armée de Mayence. Il m'adresse à eux comme le petit-fils du maréchal de Saxe, *notre modèle à tous,* dit-il ; il demande pour moi de l'emploi, d'abord comme ordonnance, et ensuite suivant la partie à laquelle ils me trouveront propre. Il me recommande aussi fortement au chef de brigade et lui dit qu'il lui tiendra compte des égards qu'il aura pour moi. Tu vois que mes affaires sont en bon train, et qu'avec de pareilles recommandations je ne moisirai pas dans les casernes. Il leur dit, par exemple, que ma famille m'entretient et que je n'aurai pas besoin d'appointements. Ce n'est pas ce qui m'en plaît le plus ; car nous ne sommes pas riches, et je vais te coûter de l'argent. Espérons pourtant que je ne tarderai pas à vivre de mon travail ! Ne sois plus inquiète, ma bonne mère, et crois que peut-être bientôt tu entendras parler de moi.... Je vais chez Murinais, qui m'a promis de m'apprendre en moins de huit jours à lever des plans et à me servir de la planchette. Cela pourra m'être utile là-bas.

Adieu, je t'embrasse de toute mon âme.

LETTRE VIII

19 vendémiaire an VII (octobre 98).

Je vais ce matin chez mon capitaine *Cousseau* (*qu'il s'appelle*), et je me rendrai avec lui au bureau de la guerre pour faire prolonger ma feuille de route, afin d'arriver vers le 30 à Bruxelles. Si je voulais faire ici des recrues pour le régiment, je ferais fortune; car, dans les promenades, au spectacle, dans les rues, il vient à tout moment des jeunes gens me demander le nom de mon régiment et comment on fait pour y entrer. Il n'y a rien de tel que le bon exemple. Dans les premiers jours tous tremblaient; aujourd'hui tous veulent partir. Mon uniforme, qui est extrêmement joli, en séduit un bon nombre. Il consiste en un dolman vert gansé, galonné, boutonné de toutes les manières ; le collet et les revers sont cramoisis, la toque haute, noire et rouge, le panache idem. J'ai acheté un joli sabre à la hussarde, qui m'a coûté trente-trois livres. Je dîne aujourd'hui chez madame de Nanteuil dans tout mon appareil ; elle veut me faire rencontrer avec un jeune homme qui désire entrer dans mon régiment. Nous partirions ensemble pour Bruxelles, cela me ferait un compagnon de voyage. Le journal disait ces jours-ci que les maisons les plus considérables de Bruxelles s'étaient empressées de faire entrer leurs enfants dans le 10e régiment en garnison dans cette ville. Ainsi tu vois, ma bonne mère, que je serai en joyeuse compagnie et que je ne suis pas le seul qui ait trouvé ce parti-là convenable. Ne t'afflige pas, ma bonne mère, je ne souffrirai pas, et j'aurai des congés pour t'aller voir. Et puis tu sais bien qu'il n'y a que les sots qui ne se tirent pas d'affaire et qui ne se rendent bons à rien. — Madame la Marlière écrit à M. Perrin que le père Deschartres fait toujours rage avec son violon, ce qui ne m'empêche pas de l'embrasser de tout mon cœur, et toi, ma bonne mère, je te serre bien tendrement dans mes bras *de soldat*. Je cours chez M. Cousseau, car tu sais que :

> Il est permis d'être parfois
> Infidèle à son inhumaine,

mais que

> . . . c'est blesser toutes les lois
> Que de l'être à son capitaine [1].

---

[1] Montauciel, dans l'opéra du *Déserteur* de Grétry.

CHAPITRE HUITIÈME.

LETTRE IX

Du 20 vendémiaire an VII (octobre 98).

Je pars toujours le 27 et je me hâte de faire tous mes adieux. J'ai vu, chez madame de Ferrières, mesdemoiselles de Fargès, dont l'aînée est madame Debrosses. M. le duc et d'autres personnes vont me donner des lettres de recommandation pour Bruxelles, car, sans autre passe-port que mon uniforme, je ne serais reçu nulle part. Je porterai moi-même tes lettres à Beurnonville et à mon capitaine, et je dois, ces jours-ci, aller lever des plans avec ce dernier; car il est bon de te dire qu'il ne sait pas se servir du graphomètre, et que maintenant, grâce à Murinais, je sais lever les plans comme si je n'avais fait que cela toute ma vie. Envoie-moi, je te prie, ma bonne mère, l'étui de mathématique, mon violon et le graphomètre. — Mon Dieu, oui, je serai, en arrivant, logé à la caserne et nourri à la gamelle. Eh bien ! qu'est-ce que cela fait ? Il y a pire que cela dans la vie. Pour te prouver que je n'ai pas envie de *me détruire*, je vais faire l'emplette d'un bon et solide manteau vert pour faire mes patrouilles et vedettes cet hiver sur les remparts de Bruxelles.

Ceux du régiment sont des demi-manteaux qui ne vous couvrent que d'un côté, et qui sont faits d'étoffe à pêcher les goujons. J'en chercherai un de hasard et je m'en tirerai, je l'espère, à bon marché. Tout mon équipement, dont je t'envoie le dessin, m'a coûté soixante et onze livres. Mais M. Fournier ayant eu à payer pour toi la dette que tu sais, je n'ose point lui demander de m'avancer les six louis. J'espère que tu trouveras la toque jolie, c'est celle des hussards, dont nous différons fort peu.

Tu me dis que tu ne veux pas qu'on sache en Berry en quelle qualité je sers ; mais, ma bonne mère, il faut pourtant bien en venir là. D'abord quels sont donc les imbéciles qui se formaliseraient de voir ton fils soldat de la république? Ensuite, pour qu'on ne t'inquiète pas en mon absence, il faut que j'envoie à la municipalité une attestation de mon activité de service, sans quoi je serais regardé comme fuyard et émigré, ce qui ne me va guère. M. de la Tour d'Auvergne est à la campagne, je lui remettrai ta lettre à son retour. La diligence ne met que quarante-huit heures pour aller de Paris à Bruxelles, je serai donc exactement à mon poste. Adieu, bonne chère mère, je t'embrasse de toute mon âme.

LETTRE X

23 vendémiaire an VII (octobre 98).

Ah! ma pauvre bonne mère! que tu es bonne de m'envoyer tes diamants! N'ayant pas de quoi m'équiper, tu fais comme les dames romaines, tu sacrifies tes bijoux aux besoins de la patrie : je vais les faire estimer et les vendre le mieux possible.

LETTRE XI

25 vendémiaire an VII (octobre 98).

J'ai dîné hier avec M. de la Tour d'Auvergne chez M. de Bouillon. Ah! ma mère, quel homme que ce monsieur de la Tour! si tu pouvais causer une heure avec lui, tu n'aurais plus tant de chagrin de me voir soldat! Mais je vois que ce n'est pas le moment de te prouver que j'ai raison; ton chagrin m'empêche d'avoir raison contre toi. Je lui ai remis ta lettre, il l'a trouvée charmante, admirable, et il en a été attendri : c'est qu'il est aussi bon que brave.

Permets-moi de t'avouer que, s'il n'y avait eu que de pareils hommes dans la révolution, je serais encore plus révolutionnaire que je ne le suis... c'est-à-dire que je le serais, sans ta prison et tes douleurs.

J'ai été de là aux Italiens voir *Montenero;* c'est détestable. Ce sont quelques scènes des *Mystères d'Udolphe*, mal enfilées les unes aux autres ; sottes paroles, petite musique. Les décorations sont magnifiques. On a applaudi à tout rompre et demandé l'auteur ; moi, j'ai demandé à tue-tête le décorateur. A la fin d'une éternelle et assommante romance en cinq couplets, comme on applaudissait avec fureur au parterre et qu'on bâillait aux loges à se fendre la gueule, j'ai crié : *Bis.* Cette proposition a révolté les loges, et elles m'ont fait le plaisir de siffler pour moi, pendant que je me croisais les bras. Toutes les élégantes de Paris étaient là : madame Tallien, mademoiselle Lange et mille autres, tant Grecques que Romaines, ce qui ne m'a pas empêché de bien m'ennuyer. M. Perrin me donne demain des billets pour *la République,* où l'on joue une nouvelle tragédie de Ducis, intitulée *les Comédiens.* Adieu, bonne mère, je t'aime de toute mon âme.

CHAPITRE HUITIÈME.

LETTRE DE LA TOUR D'AUVERGNE

A MA GRAND'MÈRE

De Passy, le 25 vendémiaire an VII de la république française.

Madame, je n'ai reçu que dans ce moment même la lettre extrêmement flatteuse que vous m'avez fait l'honneur de m'adresser. Vous ne me deviez aucun remercîment pour ce que j'ai pu faire pour M. votre fils dans les circonstances embarrassantes où il s'est trouvé. Les personnes qui me devaient une véritable reconnaissance étaient ses officiers et ses camarades. Aussi n'ont-ils pas manqué de me donner à connaître tout ce qu'ils pensaient et sentaient sur le service que je leur avais rendu en leur procurant pour frère d'armes le jeune Maurice, chez lequel tout semble déjà annoncer qu'il accomplira un jour ou l'autre les hautes destinées de son immortel grand-père. — L'on a pris toutes les précautions et toutes les mesures possibles pour qu'il serve avec douceur et agrément. Soyez donc bien tranquille, madame, sur ses premiers pas dans la carrière des armes. La paix, à laquelle je crois toujours malgré les apparences contraires, vous le renverra peut-être plus tôt que vous n'osez l'espérer. Ainsi, laissez prendre place à ce sentiment, au milieu des motifs de s'alarmer que la tendresse d'une mère trouve si facilement au fond de son cœur pour un fils qui s'éloigne d'elle pour la première fois. Je n'entreprendrai pas, madame, d'arrêter les premiers mouvements de votre sensibilité, ils sont trop justes. Je n'ai pas le bonheur d'être père, mais je sens que je méritais de l'être, à en juger par l'effet que votre lettre a produit sur moi.

Agréez, je vous prie, madame, avec bonté, mes hommages les plus respectueux.

Le citoyen LA TOUR D'AUVERGNE,

CORRET, capitaine d'infanterie.

LETTRE XII

27 vendémiaire au soir an VII (octobre 98).

Je pars au jour, ma bonne mère. Je viens de prendre congé de mon capitaine, qui, tout enchanté de ta lettre, m'en a donné une pour le chef d'escadron ; puis il m'a embrassé avec effusion. Je ne sais pas ce que je lui ai fait, mais tout froid qu'il est, ce digne homme, il a l'air de m'aimer comme son fils. Beurnonville m'a recommandé de toutes parts; lui aussi me comble de bontés; il m'appelle *son Saxon*. Je crois bien que c'est aux lettres de ma bonne mère encore plus qu'à ma bonne volonté que je dois tout cela. Je t'envoie un duplicata de ma conscription. Beaumont m'a mené à sa section et m'a fait inscrire. Cette démarche était nécessaire; sans cela, malgré ma présence au corps, j'aurais encouru les peines portées par la loi. Tu vas donc lire que j'exerce la profession de chasseur à cheval, et que ma taille est d'*un mètre sept cent trente-trois millimètres*, à quoi tu ne comprendras rien, et tu te figureras peut-être que j'ai grandi ce mois-ci de sept cent trente-trois coudées, mais cela ne fait toujours que cinq pieds trois pouces. Hier, en retenant ma place à la diligence, j'ai emmené le commis qui m'inscrivait sur le registre. — Ah! monsieur, je suis de la conscription, voilà un uniforme qui vous va bien, voulez-vous m'adresser à votre capitaine? — Certainement, mon camarade, je vais chez lui, venez-y avec moi. Un jeune homme qui venait s'inscrire aussi pour la diligence, nous entend et nous suit; bientôt j'emmènerai le postillon et les chevaux.

Tu vois bien, ma bonne mère, que je ne suis pas le seul qui ait le goût militaire, car tous s'en vont joyeux et fiers. Je pars, je t'embrasse, je t'aime, je recommande à père Deschartres et à ma bonne, et même aussi un peu à Tristan, de te distraire, de te rassurer, de te soigner. Je reviendrai bientôt, sois-en sûre, et je serai heureux !

MAURICE.

LETTRE XIII

Cologne, 7 brumaire an VII (octobre 98).

Me voilà à Cologne. Bah ! comment donc si loin ? Figure-toi qu'arrivé à Bruxelles, j'entre dans la chambrée de la sixième compagnie. On allait se mettre à table, c'est-à-dire se ranger autour de la gamelle. On m'invite poliment à dîner, je prends une cuiller et me voilà à m'empiffrer avec toute la société. A un petit goût de fumée près, la soupe était ma foi très-bonne, et je t'assure qu'on ne meurt pas de cette cuisine-là. Je régale ensuite les camarades de quelques pots de bière et de quelques tranches de jambon. Nous fumons quelques pipes, nous voilà amis comme si nous avions passé dix ans ensemble. Tout à coup l'appel sonne, on descend dans la cour. Le chef d'escadron s'avance, je vais à lui, je lui remets la lettre du capitaine, il me serre la main ; mais il m'apprend que le chef de brigade et le général sont aux avant-postes de l'armée de Mayence avec l'autre partie de mon régiment. Je vois dans l'instant qu'il n'y a rien à faire à

Bruxelles, et je le dis tout net à mon chef d'escadron, qui m'approuve sans hésiter. Il m'expédie une feuille de route pour les avant-postes, et après dix-huit heures d'amitié avec mon chef et mes camarades, me voilà parti !

Mais le destin, ma bonne mère, me sert mieux que la prudence. Je passais par Cologne pour me rendre dans les environs de Francfort, où est mon régiment, lorsque j'ai appris que le citoyen d'Harville, général en chef et inspecteur de la cavalerie de Mayence, allait arriver ici dans deux jours. Je suspends ma course, je l'attends. Tout le monde me dit qu'avec la recommandation de Beurnonville, son ami, je serai employé d'emblée près de lui comme ordonnance. J'aurai donc un peu plus de mouvement, sinon dans le corps, du moins dans l'esprit, que si j'étais forcé de m'en tenir à la consigne du soldat caserné. Ainsi mes affaires vont bien, et sois tranquille.

Tu apprendras par les journaux qu'il y a eu des troubles dans le Brabant au sujet de la conscription. Les révoltés se sont emparés pendant quelques heures de la ville et de la citadelle de Malines; mais les Français, à qui rien ne résiste, les en ont chassés, et en ont tué trois cents. On en a amené vingt-sept à Bruxelles pendant que j'y étais, et j'ai vu parmi eux des gens de tout âge et deux capucins. La conscription n'était qu'un prétexte, et le projet des révoltés était de favoriser une descente des Anglais ; car ils s'étendent du côté d'Ostende et de Gand. Notre diligence s'étant cassée et nous ayant forcés de passer huit heures à Louvain, toutes les villes qui étaient sur la route vinrent au-devant de nous en grand émoi. Le bruit s'était répandu que Bruxelles était en insurrection, parce qu'on ne voyait point arriver la diligence. Cette alerte s'est accrue au point que c'est la nouvelle du pays et qu'on a peine à me croire quand je dis que j'ai laissé Bruxelles fort tranquille. On fait descendre beaucoup de troupes de l'armée de Mayence, et on espère voir bientôt le Brabant pacifié. Je bénis de plus en plus, ma bonne mère, les soins dont tu comblas mon enfance. L'allemand m'est ici de la plus grande utilité ; j'ai servi, dans tout le chemin, d'interprète à la carrossée. Ils étaient désolés de me laisser à Cologne et de perdre leur trucheman. — Tu vas passer, toi, un hiver bien triste, ma bonne mère, et cette idée seule m'afflige. Mais j'espère être chargé de quelque ordonnance pour le département de l'Indre. J'irai encore te soigner, te caresser et te faire rire. Ta douleur est mon unique souci, car de tout ce qui peut m'arriver je me moque, et suis certain de m'en bien tirer.

En attendant le général d'Harville, notre chasseur se promenait au bord du Rhin, et, malgré sa joie d'être militaire, il ne pouvait pas toujours prendre son parti sur l'absence de sa mère. « Les bords du Rhin me rappellent les bords de la Seine à Passy, lui écrivait-il à la date du 9 brumaire, et je m'y surprends tout triste, rêvant à toi et t'appelant comme dans ce temps-là où nous étions si malheureux. » Il rencontre un aide de camp du général Jacobi, ils parlent musique, ils en font ensemble, et les voilà liés. Le général d'Harville arrive enfin, et d'emblée choisit le protégé de Beurnonville pour son ordonnance. Il lui promet un beau cheval tout équipé, le plus tôt possible, car les chevaux étaient rares alors, et celui-là se fit longtemps attendre.

Ce général, qui s'intitulait alors Auguste Harville, était le comte d'Harville, qui fut depuis sénateur et chevalier d'honneur de Joséphine ; il avait été maréchal de camp avant la révolution ; puis, employé sous Dumouriez, il avait été un peu froid ou hésitant à la bataille de Jemmapes. Traduit au tribunal révolutionnaire après la trahison de ce dernier, il avait eu le bonheur d'être acquitté. La suite de sa vie s'écoula dans les faveurs plus que dans la gloire. En 1814, il vota la déchéance de l'empereur et fut fait pair de France. Ce pouvait être un brave et galant homme, mais le résumé de ces existences qui ont servi toutes les causes ne laisse pas de traces bien chaudes dans la mémoire des hommes, et on peut en tout temps suspecter un peu leur sincérité. Ce général était fort sensible à la recommandation de la naissance. Son aide de camp et parent, le jeune marquis de Caulaincourt, le poussait à la hauteur et à la réaction contre les idées révolutionnaires. Le caractère d'aristocratie de ces deux personnages est très-bien tracé dans les lettres de mon père que je citerai encore, car elles offrent une peinture assez originale de l'esprit de réaction qui grandissait chaque jour dans les rangs de l'armée. On y verra que l'égalité de droits établie par la révolution n'y était déjà plus du tout l'égalité de fait.

LETTRE XIV

Cologne, 26 brumaire an VII (novembre 98).

.... Les aides de camp du général, dont l'un est le citoyen Caulaincourt, m'ont invité hier à dîner. Le repas a été très-gai et très-amical. On a passé ensuite dans la chambre du général, qui a un érysipèle à la jambe. Je suis resté seul avec lui une demi-heure. Il m'a parlé avec l'aisance et l'affabilité d'un personnage d'autrefois, s'est inquiété de la manière dont j'étais logé et nourri; puis il me fit mille questions sur mon passé, sur ma naissance, sur mes relations. En apprenant que la femme et la fille du général de la Marlière avaient passé l'été chez toi, que la fille du général de Guibert avait épousé mon neveu, que madame Dupin de Chenonceaux avait été la femme de mon grand-père, il devint de plus en plus gracieux, et je vis bien que tout cela ne lui était pas indifférent. On fit ensuite de la musique. Il y avait beaucoup d'élégants et d'élégantes de Cologne qui, pour des Allemands, n'ont pas mauvaise tournure. Chacun demandait au général : *Quel est donc ce chasseur-là ?* Car ce n'est pas, en Allemagne, la coutume que les ordonnances fassent salon avec les officiers supérieurs, et cette infraction à l'étiquette leur bouscule un peu l'esprit; je m'en moque, et je vais mon train, d'autant plus qu'après la musique vint une magnifique collation dont aucun plat ne fit avec moi le renchéri. Puis du punch.... et puis on a valsé. Et puis les aides de camp m'ont invité à souper avec ceux du général Tréguier, commandant de la place. Nous avons bu du vin de Champagne qui cassait tout, puis encore du punch, puis nous nous sommes un peu grisés, et puis on s'est séparé à minuit.

Tu vois que, n'ayant pas le sou, je vis comme un prince. L'état-major est très-bien composé. Les aides de camp sont tous des jeunes gens fort aimables, et le *citoyen* de Caulaincourt m'a dit de la part du général que dans trois ou quatre mois je serais officier.

On bat toujours les rebelles; on a brûlé plusieurs villages entre Mons et Bruxelles. Cologne est tranquille.

. . . .

Dis à ma bonne qu'il y a ici des places vacantes de vivandière et que je lui en offre une. J'embrasse *il signor Fugantini Deschartres.* Débite-t-on toujours dans nos environs bien des platitudes sur mon absence? Arrivent-ils à croire que je ne suis pas émigré, mais soldat? Tous nos bons paysans partent-ils? Te demandent-ils où je suis? Il arrive ici une foule de conscrits. On les compte, on les enrégimente, on les conduit comme des moutons. Tous les matins la rue de l'état-major en est remplie; les uns chantent, quelques-uns, pauvres enfants, ont la larme à l'œil. Je voudrais pouvoir les consoler ou leur donner ma gaieté.

Je connais maintenant la ville comme si je l'avais toujours habitée. C'est un amas très-triste et très-solennel d'églises, de couvents et de vieilles maisons de brique. Le Rhin y est très-large et porte de petits bâtiments marchands qui viennent de Hollande. Il y a un pont volant qui traverse le fleuve en six minutes. Il est attaché à une seule corde, placée au centre du Rhin, et le courant appuyant, en différents sens, sur les différentes faces des bateaux, la corde décrit un cercle et porte le pont d'une rive à l'autre. Il y tient un escadron de cavalerie. Comme les militaires et les chiens passent gratis, je me donne souvent le plaisir de la traversée.

LETTRE XV

7 frimaire an VII (novembre 98).

..... Je ne conçois rien aux lenteurs de la poste. Elle me fait sécher d'impatience. Tous les jours j'y vais, tous les jours j'en reviens les mains vides. Cette privation absolue de tes nouvelles me fait trouver tout insupportable. Je ne peux plus m'amuser de rien ni me fixer à rien. Je ne reste pas un moment à la même place; j'aime mieux être dehors, à la pluie ou au froid, qu'enfermé dans ma petite chambre avec la pensée que tu es peut-être malade, ou fâchée contre moi, ou triste!....

Le 11.

Enfin, ma bonne mère, voilà une lettre de toi! Elle était depuis huit jours à la poste militaire, et je m'adressais toujours à la poste allemande. Chienne de poste allemande! On ne m'y reprendra plus. Ah! que j'avais besoin de recevoir de tes nouvelles!

Quand on se trouve pour la première fois de sa vie en pays étranger, isolé de tout ce qu'on connaissait, éloigné de tout ce qu'on aime, on a des moments d'effroi. J'ai beau me roidir devant les événements et vouloir me jouer d'eux, il est des heures où notre séparation m'accable et où le courage me manque. Mais je lutte, et je retrouve mes forces en songeant au moment qui nous réunira. Je ne veux plus être aussi enfant que je l'étais à Passy, où je n'avais pas assez de raison pour te cacher ma peine. Il est vrai qu'il n'y avait pas moyen de s'étourdir alors, et ici du moins j'ai une vie active qui me sauve.

A force de courir pour échapper aux idées noires, j'ai pris un rhume et la fièvre; mais cela n'a duré que deux jours; car, puisque voilà ta lettre, puisque tu te portes bien, puisque tu n'as pas cessé de me bénir et de m'approuver malgré ton chagrin, me voilà guéri. Je me porte à merveille ce soir, ne va pas t'inquiéter au moins; j'ai envie de raturer ce mot de fièvre qui va te faire peur; sache que c'était une très-petite fièvre, un myrmidon de fièvre. Et quand tu es quelques jours sans recevoir de mes nouvelles, songe aux mille circonstances insignifiantes qui peuvent retarder une lettre. C'est une folie, un mal affreux que nous nous créons quand nous nous obstinons à recevoir une lettre à tel jour, à telle heure. Si elle n'arrive pas, le moins que nous consentions à nous mettre en tête, c'est la mort des êtres que nous aimons; nous sommes alors des malades, de véritables maniaques, je viens de l'éprouver.

Ne crois pourtant pas que je te fasse toute cette morale pour te préparer à de l'inexactitude de ma part. Je ferai mon possible pour t'écrire à chaque courrier. J'ai tant de plaisir, ma bonne mère, à m'entretenir avec toi, que je n'en connais pas qui puissent me distraire de celui-là.

Tu me demandes des détails sur les *fonctions de ma charge*. Entre nous, elles se réduisent à aller de temps en temps me chauffer à un excellent poêle allemand, et à faire la conversation avec MM. les secrétaires, qui ne me paraissent pas non plus écrasés de besogne. De là nous allons dîner ensemble ou nous promener. . . . .

Dis donc à Saint-Jean que j'ai rêvé que je galopais sur ma jument. Si on me donne un beau cheval, il lui en fera part. M. de G. me croit donc dans un poste important? Sois sûr qu'il n'est pas si bête, qu'il n'en pense pas un mot, et que c'est une goguenarderie de *gentilhomme*.

Adieu, ma bonne mère; que je t'aime donc!

LETTRE XVI

Cologne, 14 frimaire an VII (décembre 98).

. . . .

Le général, par faveur spéciale, a ordonné à la remonte de Namur de m'envoyer, par un homme sûr, un des meilleurs chevaux tout équipé. De manière que je vais être très-bien monté, ce qui me donne déjà un grand relief dans les écuries du général. Depuis qu'on sait qu'il fait faire soixante lieues à un chasseur pour m'amener un cheval, écuyers et palefreniers me regardent avec vénération, et, dussé-je me tenir comme une paire de pincettes sur mon Bucéphale, on me tient d'avance pour le plus beau cavalier du monde; mon cheval sera nourri aux frais de la république, et en cela il sera plus avancé que moi, car de ma paye, qui est de six sous par jour, je n'ai pas encore entendu parler, attendu que le double de mon enrôlement n'est pas encore arrivé ici. Je vis avec la plus grande économie; mais les 200 livres que tu m'as envoyées m'ont fait le plus grand bien. J'étais nourri fort cher et fort mal chez un sieur Badorf, que je ne pouvais quitter faute de pouvoir le payer, et qui m'aurait ruiné, si mon général n'avait eu l'extrême

CHAPITRE HUITIÈME.

bonté de me tirer de ses griffes en acquittant mon mémoire. Je suis maintenant chez un bon bourgeois où je ne fais pas grand'chère; mais on vit, et c'est tout ce qu'il faut. Je m'habitue à la bière de Flandre, qui, malgré sa réputation, est détestable. La cuisine allemande ne vaut pas le diable non plus; nous sommes en France des enfants gâtés pour tout ce qui tient à la vie physique.

J'ai rencontré à la comédie un capitaine de cavalerie qui s'appelle M. Fleury. C'est celui que j'ai vu à la Châtre au printemps, et avec qui j'ai fait des armes. C'est le meilleur des hommes. Nous nous sommes embrassés comme de vieux amis. On a tant de plaisir à retrouver les gens de son pays sur la terre étrangère! Il est cantonné à Mulheim, sur la rive droite du Rhin. Il m'a engagé à l'aller voir, et j'irai dès que mon cheval sera arrivé. Je n'ai jamais vu d'homme étonné de me revoir comme il le fut. Il était si content de pouvoir parler de la Châtre avec quelqu'un de la Châtre! Nous avons été souper ensemble, et boire à la santé du Berry deux bouteilles de vin du Rhin. Je t'en prie, ma bonne mère, fais savoir à tous ses parents cette agréable rencontre. Dis-leur qu'il est bien portant, et toujours fort comme un Turc. — Et si brave homme! — Mais cette rencontre m'a tant fait penser à toi, que je me croyais *chez nous,* et me voilà tout triste!

Le capitaine Fleury, dont il est ici question, fut en effet un digne homme et un excellent militaire. Soldat volontaire à seize ans, il avait fait déjà toutes les campagnes de l'armée du Rhin en 92. Il se distingua en 98, lors du passage du Danube par Moreau. C'est l'année même où mon père l'avait rencontré à Cologne. — A la tête de son escadron, il soutint le choc de quatre escadrons de cuirassiers autrichiens. Cette belle résistance donna à son régiment le temps de passer le fleuve. Il fut décoré en 1807, et quitta le service avec le grade de major au dixième régiment de cuirassiers. Son fils Alphonse Fleury est mon ami d'enfance[1].

Ici se place dans le recueil de ces lettres, précieusement conservées par ma grand'mère, une lettre du général d'Harville assez curieuse. Il y parle à ma grand'mère d'une manière toute paternelle de son jeune chasseur, et lui révèle les dangers dont il faut le préserver. Le premier est le manque d'économie, et il touchait là fort juste, car mon père, avec les plus belles résolutions du monde, avec la naïve conviction qu'il était sage et rangé, n'avait

[1] Celui-ci a été exilé pour cause d'opinion, au 2 décembre, après la conduite la plus honorable et la plus généreuse sous la république.

(*Note de* 1853.)

aucune prévoyance, et, se laissant aller à toutes choses et à toutes gens avec une facilité d'artiste, trouva toute sa vie le moyen de laisser des dettes à payer derrière lui. Je passerai le détail de ces minuties sous silence, quoiqu'elles tiennent beaucoup de place dans ses lettres. Il n'est point de ceux qui, en termes de soldat, *tirent des carottes* à leurs parents. Toujours sincère avec sa mère chérie, toujours désespéré de ne pouvoir la faire vivre au lieu d'être défrayé par elle, il entre dans de grands détails, il fait de pénibles efforts pour lui expliquer ce qu'est devenu ce rare et diabolique argent, qui fond dans ses mains sans qu'il sache comment. La crainte de ne pas faire honneur à sa parole le décide à se confesser au plus vite, et ses confessions sont touchantes. En somme, l'amour filial, la douleur de voir sa mère s'imposer des privations pour lui, la conscience de son honneur livrent de tels combats au caractère insouciant et libéral qu'il tenait de son père, qu'il parvient à être sage autant qu'il lui est donné de l'être. En somme, toute sa vie aventureuse et agitée ne creusa pas un déficit bien grave dans l'aisance modeste de la famille.

Le second avis du général d'Harville est moins fondé et se trouve souligné dans sa lettre par ma grand'mère, qui probablement le trouva fort étrange. « *Je crains pour lui son goût pour la musique, qui peut trop aisément le livrer à la mauvaise compagnie.* »

Quel barbare que ce bon général ! Aux yeux de ma grand'mère, comme à ceux de son fils, il n'était point, j'en suis sûre, de plus risible blasphème. Mais elle s'abstint vraisemblablement de le rapporter à son cher Maurice, et ne lui en envoya pas moins son violon.

LETTRE XVII

Cologne, 20 frimaire an VII (décembre 98).

Voilà encore deux courriers que je ne reçois point de tes nouvelles, ma bonne mère ! Mon ami le secrétaire de l'état-major, qui me remet ordinairement tes lettres, arrive à la comédie les mains vides, et du plus loin qu'il m'aperçoit secoue tristement la tête. On dit que la poste a fait banqueroute et que cela pourra intercepter quelque temps les communications épistolaires, si le gouvernement ne se charge de faire aller le service. Il ne me manquerait plus que cela ! Être loin de toi, c'est déjà bien dur ; ne point recevoir de tes nouvelles, c'est désespérant.

. . . .

J'ai été hier à la cathédrale entendre un assez beau salut en musique. Toutes les belles et les élégantes de la ville y étaient. Quand j'arrive là, avec mon costume de hussard et mon sabre battant le pavé, ils croient voir tous les diables à leurs trousses. Ils me regardent avec de gros yeux effarés. Un Français de la république est pour eux l'antechrist. Je leur fais assez souvent ces peurs-là, car ils ont de très-bons organistes, et lorsque, en passant près d'une église, j'entends les beaux accords qui la remplissent, j'y entre comme attiré par une force irrésistible.

En sortant du salut, je fus entendre *Nina* au théâtre. Au moment où j'y songeais le moins, j'entends chanter le duo que tu m'avais appris lorsque j'étais enfant : « *Il m'appelle sa bonne amie,* » etc. Et sur-le-champ je me rappelai tout ce morceau que j'avais oublié, et jusqu'aux bonnes petites paroles. Je me retrouvai près de toi, dans la rue du Roi de Sicile, dans ton boudoir gris de perle ! C'est étonnant comme la musique vous replonge dans les souvenirs ! C'est comme les odeurs. Quand je respire tes lettres, je crois être dans ta chambre à Nohant, et le cœur me saute à l'idée que je vais te voir ouvrir ce meuble en marqueterie qui sent si bon, et qui me rappelle des choses si sérieuses d'un autre temps[1].

---

[1] Ce meuble en marqueterie était le même dont Deschartres et mon père brisèrent les scellés en 93 pour soustraire des papiers qui eussent été l'arrêt de mort de ma grand'mère. J'ai toujours ce casier avec ses vingt-trois cartons, dont quelques-uns portaient encore naguère des traces de la cire de la république. Je n'ai découvert son identité qu'en retrouvant

. . . .

En sortant de la comédie, ce diable de bon garçon (mon ami le secrétaire) m'a emmené souper. Je ne voulais pas boire de vin parce qu'il est trop cher ici et que je voudrais m'en déshabituer. Il y avait six jours que je n'en avais goûté ; mais, en le voyant sur la table, et pressé par mon camarade, je n'ai pas su résister.

Aussi me voilà, ce matin, redétestant la bière. Ah ! serment d'ivrogne ! Comment, te voilà devenu ivrogne ! vas-tu t'écrier. Non, ma bonne mère, je ne le suis pas, je ne le deviendrai pas, mais je comprends maintenant que ce sont les privations qui rendent l'homme intempérant, et que le pauvre diable qui manque de pain oublie sa raison *dans les pots*, quand il est à même. Au reste, ce bon vin est certainement le grand réconfort de l'homme. Hier j'étais triste, j'avais le mal du pays comme un Suisse, et ce matin je me sens capable de braver tous les coups de la fortune ni plus ni moins qu'Alexandre ou César, lesquels, à coup sûr, ne buvaient pas de bière de Louvain. Mais quand j'avalerais tous les vins de la Grèce et de l'Italie, cela ne me consolerait pas de notre séparation. — Tu me demandais dernièrement des nouvelles de mes moustaches.

tout récemment les procès-verbaux du fait et la lettre de mon père qu'on vient de lire. Les meubles ont leur histoire, et s'ils pouvaient parler, que de choses ils nous raconteraient !

Elles sont noires comme de l'encre et se voient de cent pas au moins. — Adieu, ma bonne mère, je t'embrasse de toute mon âme. Je fais sauter ma bonne à trente pieds en l'air, et je donne un grand coup de poing sur la tête de père Deschartres. Ce sont des façons *militaires*, fort jolies, ma foi !

LETTRE XVIII

Cologne, 23 frimaire an VII (décembre 98).

Ma foi, ma bonne mère, si j'osais je te gronderais, car je ne reçois pas de tes nouvelles, et je ne saurais m'y habituer. Je reviens encore de fouiller dans les dépêches du général, et je reviens encore une fois triste. J'ai été voir avant-hier mon brave compatriote, le capitaine Fleury[1] ; j'y suis allé avec un autre capitaine de son régiment. Nous avons descendu le Rhin jusqu'à Mulheim dans une chaloupe à voiles, par un vent qui nous coupait la figure et qui nous menait d'un train admirable. Il nous a donné un très-bon diner, et j'en avais besoin ; car ce joli vent m'avait donné une faim de soldat. Ce brave homme nous a reçus à bras ou-

---

[1] Le père de mon ami d'enfance.

verts, et nous n'avons fait que parler du Berry. Le sentiment qu'on appelle amour de la patrie est de deux sortes. Il y a l'amour du sol, qu'on ressent bien vite dès qu'on a mis le pied sur la terre étrangère, où rien ne vous satisfait, ni la langue, ni les visages, ni les manières, ni les caractères. Il se mêle à cela je ne sais quel amour-propre national qui fait qu'on trouve tout plus beau et meilleur chez soi que chez les autres. Le sentiment militaire s'en mêle aussi, Dieu sait pourquoi ! mais enfin, enfantillage ou non, voilà que je m'en sens atteint et qu'une plaisanterie sur mon uniforme ou mon régiment me mettrait en colère tout aussi bien qu'un vieux soldat dont on raillerait le sabre ou la moustache.

Et puis, outre cet attachement au sol, et cet esprit de corps, il y a encore l'amour de la patrie, qui est autre chose et qui ne peut guère se définir. Tu auras beau dire, ma bonne mère, qu'il y a quelque chimère dans tout cela, je sens que j'aime ma patrie comme Tancrède :

> Qu'elle en soit digne ou non, je lui donne ma vie!

Nous avons senti tous ces amours-là confusément à travers le vin du Rhin, en trinquant à tout rompre, Fleury et moi, au Berry et à la France.

Comment va ton pauvre métayer? Ses enfants partent-ils? Père Deschartres continue-t-il ses cures merveilleuses? Monte-t-il ma jument ? Racle-t-il toujours le violon? Dis à ma bonne que, depuis qu'elle ne s'en mêle plus, mes chemises ne sont pas dans un état brillant. Elle était bien bonne avec son idée de se faire envoyer mon linge pour le raccommoder ! Le port pour aller et revenir coûterait plus cher que le linge ne vaut.

LETTRE XIX

Cologne, 27 frimaire an VII (décembre 98).

Puisque tu l'exiges, je tâcherai de m'acheter des chemises et des mouchoirs, mais la tenue qu'on exige de nous emporte tout notre argent. Le général va passer la revue, et M. de Caulaincourt m'a ordonné de me faire faire des bottes, parce que les miennes n'ont pas les deux coutures de rigueur et l'éperon vissé au talon, selon l'ordonnance. On devient féroce sur ces belles questions-là. Ma toque n'était pas garnie en velours, mon plumet n'avait pas les dix-huit pouces exigés. Heureusement mon dolman a les six rangées de petits boutons argentés. Mais il m'a fallu un pantalon de casimir vert tout fignolé en ganses de poil de chèvre. Voilà les *revenants-bons* des postes d'ordonnance. Il faut une tenue éblouissante pour accompagner les généraux.

Si j'avais tes belles martres, je me ferais faire un bonnet de houlan, car c'est à présent le grand genre, et je gagnerais beaucoup en considération dans le régiment. Mais ne va pas me les envoyer. Je ne veux m'en servir que quand je serai officier. Je suis bien assez *beau* comme cela, et quand je sors en grand uniforme, les conscrits qui font le service me prennent pour un général et me présentent les armes. En revanche, les vieilles moustaches qui montent la garde chez le général ne s'y méprennent pas et ne me présentent rien du tout. — Non, je n'ai pas emporté ton portrait, je l'ai confié à l'oncle Beaumont. J'aurais craint qu'on n'en devînt amoureux et qu'on ne me le volât. Mais j'ai toujours la chaîne autour de mon cou comme du temps de Passy. Cela ne se voit point, et, sois tranquille, je mangerais de la terre plutôt que de la vendre. — Je suis bien affligé de la mort de ton pauvre métayer. Dis bien des amitiés pour moi à tous nos bons paysans. Comment, le père Deschartres se mêle aussi d'être malade ! Je lui ordonne l'eau tiède et l'émétique, ses grands remèdes qu'il sait si bien administrer aux autres, mais dont je crois qu'il ne se soucie pas pour lui-même. Je ne le plaisanterais pourtant pas si c'était sérieux et si tu ne me disais à la fin de ta lettre qu'il est guéri. Adieu, ma bonne, mon excellente mère, je t'embrasse de toute mon âme.

LETTRE XX

Cologne, 3 nivôse an VII (décembre 98).

Tous les jours nous devions partir pour la tournée d'inspection du général. Mais voilà que nous ne partons plus et qu'il n'y aura pas d'inspection ; nous sommes encore pour plus d'un mois ici. Depuis qu'il vient d'être ordonné que nos troupes repasseraient la rive gauche, les divisions sont changées. Le général n'a plus sous son commandement le même nombre de régiments. Je suis bien fâché de ces changements, j'aurais voyagé, j'aurais vu du pays. Mon cheval n'est pas encore arrivé, mais j'aurais pris celui de mon camarade d'ordonnance, le hussard rouge, qui est à l'hôpital. Ne t'inquiète pas de la nouvelle loi, cela ne me regarde pas, mais bien les agents publics travaillant dans les bureaux. Ceux-là, en effet, doivent être incorporés dans les régiments qu'on leur assignera ; mais moi, je suis en service militaire effectif, je ne cesse pas, pour être employé par le général, de faire partie de mon régiment. On me doit ma paye, mes habits, mon cheval, comme aux autres soldats. Il est vrai que je n'entends point parler de tout cela. Mais il faut espérer que l'ordre se fera. Mon service compte double comme aux autres. Sois donc tranquille sur toutes ces questions.

Comment ! le feu a pris à la cheminée et ce n'est point moi qui l'y ai mis ! C'est outrageant, car tu sais comment je m'en acquitte. Ne m'envoie pas encore mon violon s'il n'est pas parti ; car si le général changeait de quartier général, je craindrais que mon cher instrument ne tombât dans des mains profanes, et ce serait vouloir sa mort. Recommande au virtuose Deschartres de le jouer souvent pour qu'il ne se rouille pas. Voilà une jolie commission ! mais fais-le-lui jouer bien loin de tes oreilles. Tu fais donc toujours des *patiences?* Te ressouviens-tu combien tes patiences m'impatientaient ? Elles n'ont pas le sens commun, puisqu'elles ne t'ont pas dit que j'étais toujours à Cologne.

LETTRE XXI

Cologne, 8 nivôse an VII (décembre 98).

Je viens d'apprendre une très-bonne nouvelle, ma bonne mère. Mon régiment, qui était en route pour l'Italie, revient à Dust, qui n'est séparé de Cologne que par le Rhin. Il y est même arrivé peut-être à l'heure où je t'écris. Il est par conséquent sous l'inspection de mon général. J'ai fait connaissance à la comédie avec un adjudant général nommé Guibal, qui m'a demandé si mon général avait dessein de me faire officier. Je lui ai dit qu'il me l'avait fait espérer. Quelques jours après, il lui a parlé de moi, et le général lui a répondu que, dans les commencements, il craignait que je ne fusse un écervelé, mais qu'il me connaissait mieux et qu'il s'intéressait vivement à moi ; qu'il ne me perdrait point de vue et que son dessein, durant son inspection, était de choisir le dépôt le mieux monté en instructeurs et en chevaux et de m'y envoyer, afin de me mettre promptement au fait des manœuvres de la cavalerie. Seulement nous voilà, sur ce dernier fait, un peu renvoyés aux calendes grecques. . . . .

Il s'est donné avant-hier un très-beau bal ; le général y était avec ses aides de camp. Je fus le saluer, et il me fit très-bonne mine. Il me demanda si je savais valser, et je lui en donnai vite la preuve. Je remarquai qu'il me suivait des yeux et qu'il parlait de moi à un de ses aides de camp d'un air de satisfaction. Tu n'aimes pas la guerre, ma bonne mère, et je ne veux pas te dire de mal de l'ancien régime. Mais pourtant j'aimerais mieux faire mes preuves sur un champ de bataille que dans un bal.

Tu me demandes si j'ai planté là Caulaincourt. Ce n'est point pour moi un homme à planter là, je t'assure ; car il fait la pluie et le beau temps chez le général. Je lui témoigne toujours tout le respect et les attentions auxquelles je suis tenu; mais c'est un être original qui ne peut me plaire infiniment. Un jour il vous fait des avances, le lendemain il vous reçoit sèchement. Il dit des douceurs à la *Deschartres*. Il tance ses secrétaires comme des écoliers, et, dans la conversation la plus insignifiante, il garde le ton d'un homme qui fait la leçon à tout le monde. C'est l'amour du commandement personnifié. Il vous dit qu'il fait chaud ou froid comme il dirait à son domestique de brider son cheval. J'aime infiniment mieux Durosnel, l'autre aide de camp. Celui-là est vraiment aimable, bon et simple dans ses manières. Il parle toujours avec franchise et amitié et n'a pas de *caprices*. Il était aussi au bal d'avant-hier, et nous étions placés pour valser par rang de grade. D'abord le citoyen de Caulaincourt, ensuite Durosnel, puis moi, de manière que l'adjoint, l'aide de camp et l'ordonnance accomplissaient leur rotation comme des planètes.

Toutes tes réflexions sur le monde à propos de ma situation sont bien vraies, ma bonne mère, je les garderai pour moi, et j'en ferai mon profit. Ta lettre est charmante, et je ne serai pas le premier à te dire que tu écris comme Sévigné, mais tu en sais plus long qu'elle sur les vicissitudes de ce monde.

Il est heureux pour nos nez que nous ne soyons pas partis pour l'inspection, nous les aurions laissés dans les neiges de la Westphalie. Ce n'est pas qu'il fasse bien chaud ici, le thermomètre était hier à trente-quatre degrés au-dessous de glace. Les pauvres factionnaires meurent comme des mouches. J'aurais donc mauvaise grâce à me plaindre de coucher dans une chambre sans feu et de me réveiller le matin avec des glaçons à la moustache. Le fait est que voici l'hiver le plus rigoureux que j'aie vu, et je n'y pense pas plus que si je n'avais vu de feu de ma vie.

CHAPITRE NEUVIÈME

Suite des lettres. — Le premier de l'an à Cologne. — Courses en traineau. — Les baronnes allemandes. — La chanoinesse. — La revue. — Les glaces du Rhin. — Le carnaval. — Un duel burlesque. — Le hussard rouge. — Portrait de mon père. — Appétit des dames allemandes. — Le billet de logement. — Graves occupations des jeunes gens de l'état-major.

LETTRE XXII

Cologne, 1er janvier 1799 (nivôse an VII).

Voilà la première fois de ma vie, ma bonne mère, que je passe ce jour sans t'embrasser ! Je vois tous ces bons Allemands, pleins d'allégresse, se réunir, s'embrasser, se réjouir en famille, et moi je sens mon cœur se serrer ! J'ai été aujourd'hui chez de riches négociants qui sont de la société du général. J'y suis resté une partie de la soirée. Le père était entouré de ses huit enfants. Le fils ainé a des talents. Il avait donné le matin une jolie gouache que le bon père me montra avec ravissement. La sœur joua assez bien une sonate de Pleyel. La joie et le bonheur régnaient parmi eux. Moi seul j'étais triste. Ils s'en aperçurent et comprirent qu'ils me rappelaient d'heureux moments. Ils m'ont regardé avec plus d'intérêt et m'ont témoigné plus d'amitié. Moi aussi, je ne sais comment je me suis trouvé plus à l'aise avec eux. C'était pourtant la seconde fois que je les voyais. Mais je leur ai su gré de m'avoir deviné et, en cherchant à m'associer à leur bonheur, d'avoir adouci le sentiment de ma solitude.

On a dans ce pays-ci une sorte de galanterie inconnue chez nous. Elle consiste, au premier de l'an, à tirer force coups de fusil sous la fenêtre de la personne à qui l'on veut donner une preuve d'attachement. On lui montre, en l'empêchant de dormir, qu'on ne dort pas soi-même et qu'on s'occupe d'elle en se morfondant dans la rue. Tant pis pour les voisins! J'ai été toute la nuit sur le qui-vive, on ne m'avait prévenu de rien et j'ai cru les *brigands* arrivés. Mon hôtesse ayant une sœur assez jolie, ses adorateurs ont fait toute la nuit feu de file sous sa fenêtre. D'heure en heure c'était une pétarade qui me réveillait en sursaut. J'avais cependant grande envie de dormir, car j'avais été à pied à Mulheim, dans la matinée, pour voir mon régiment. J'ai été trouver le quartier-maître, qui m'a reçu on ne peut mieux et m'a mené chez le chef d'escadron. Ce dernier m'a comblé de politesses, et m'a reconduit jusque dans la rue. Ils vont venir à Dust, qui n'est séparé de Cologne que par le Rhin, et m'ont engagé à y venir souvent dîner avec eux. Le reste du régiment va arriver ces jours-ci. Il est retenu encore par les glaces qui couvrent le fleuve du côté de Dusseldorf. N'admires-tu pas le hasard heureux qui me ramène, au moment où je m'y attendais le moins, dans la division de Cologne? On n'aura pas à me reprocher d'avoir toujours été absent de mon régiment.

Tu es tout émerveillée, ma bonne mère, de la considération que te donne auprès de certaines gens le titre de mère d'un défenseur de la patrie. Mais tu as pénétré le véritable motif. Ils voient que je puis revenir avec armes et bagages, et qu'il ne faut pas se brouiller avec les chasseurs, qui pour les manières sont les cousins germains des hussards. Rien de plus sage que ces messieurs de l'autorité !

Tu m'as fait bien plaisir en me disant que la limonade te réussissait. Voilà donc enfin quelque chose de bon pour toi ! En ce cas, que le diable emporte toute la pariétaire, la doradille et l'*uva urci*, et que le ciel nous envoie des citrons ! Adieu ! ma bonne mère, sois confiante et heureuse, ne souffre pas : voilà le vœu que je fais pour toi tous les jours de ma vie. Je t'embrasse de toute mon âme.

Je souhaite au virtuose Deschartres des amateurs sourds et muets qui ne puissent ni l'entendre ni le critiquer, et à la *citoyenne* Roumier, ma respectable

bonne, des sentiments un peu plus *républicains*.
Dis-leur à tous deux que je les aime.

LETTRE XXIII

Cologne, 18 nivôse an VII (janvier 1799).

. . . . . Le général m'a fait inviter à dîner par
M. de Caulaincourt. Il m'a fait parler de Jean-
Jacques Rousseau, de ses aventures avec mon père,
et m'a écouté de façon à me tourner la tête si j'étais
un sot. Mais je me tenais sur mes gardes pour ne
pas devenir babillard et pour ne dire que ce à quoi
j'étais provoqué. Après le dîner, le général et
M. Durosnel montèrent dans un traîneau magnifique représentant un dragon or et vert, traîné par
deux chevaux charmants. Je montai dans un autre
avec Caulaincourt; mon camarade le hussard rouge,
me voyant sortir de table et monter dans les traîneaux du général, ouvrait des yeux gros comme le
poing. Il croyait rêver. Le général courait la ville
en traîneau pour faire ses invitations à une grande
partie qui devait avoir lieu le lendemain. Il voulut
que je le suivisse dans toutes ses visites, et chez
madame Herstadt, en la priant de laisser sa fille
venir à cette partie, il se mit en plaisantant à ses

genoux en lui disant : Souffrirez-vous, madame, que je reste longtemps dans cette posture, en présence de mes aides de camp et de mon ordonnance le petit-fils du maréchal de Saxe? — Les dames ouvrirent de grands yeux, ne comprenant probablement pas que je ne fusse pas émigré.

. . . .

Le lendemain il y eut une course superbe. On partit de la maison du général à six heures du soir. Tous les piqueurs étaient à cheval avec des flambeaux de six pieds. Il y avait quinze traîneaux. La musique du 23ᵉ régiment, habillée tout en rouge et galonnée en or, courait devant en jouant la charge. C'était vraiment beau. J'étais dans la cour à regarder les traîneaux et les chevaux : le général vint les inspecter et me dit : « Vous allez venir avec nous, et de là vous viendrez au bal qui suivra. » Il est vraiment très-aimable avec moi, et il le serait encore plus s'il n'était flanqué de son Caulaincourt. Mais celui-là est un intermédiaire qui refroidit tout. Monsieur a ses petites intrigues dans la ville, et monsieur est jaloux. L'autre jour je m'étais avisé de dire que mademoiselle P... est fort jolie. Et voilà qu'à l'instant même je vois sur sa figure qu'il est inquiet, et le soir même je vis qu'il lui avait donné la consigne de ne pas danser avec moi. Il n'est pas généralement aimé, il s'en faut de beaucoup. Je ne le crois pourtant ni sot ni méchant, mais il est impossible de voir un homme plus cassant, ni d'entendre une voix plus sèche et plus désagréable. Lorsqu'il travaille avec les secrétaires, il reste seul avec eux des journées entières sans leur rien dire. Arrive-t-il un chat, il affecte de leur donner ordre sur ordre et de les réprimander comme des galopins. Depuis deux jours il me fait pourtant beaucoup d'amitiés et il m'appelle Dupin tout court. Mais cela ne durera pas, il a l'humeur trop fantasque.

Adieu, bonne mère, que ta dernière lettre est charmante !

LETTRE XXIV

Cologne, 23 nivôse an VII (janvier 99).

Comment ! c'est donc sérieusement que nous avons manqué brûler ? Tu m'as fait frémir avec le récit de cet événement. Il ne nous manquerait plus que cela ! — J'avais cependant une fiche de consolation, c'est que tu serais venue habiter ma chambre à Cologne ; véritable taudis de poëte famélique, quoiqu'il y ait une glace, une commode et un poêle ; mais la glace est cassée, la commode est écloppée, et quant au poêle, mes hôtes prétendent qu'on ne peut pas l'allumer. Il y a aussi une tapisserie d'une couleur qui n'a pas de nom, entre le noir, le brun, le jaune, etc. Eh bien, si je t'y voyais, dans cette maussade chambre, sur-le-champ elle serait éclairée, chauffée, ornée, brillante, magnifique, préférable à tous les palais.

. . . .

Nous avons un très-beau bal par abonnement, où vont tous les officiers supérieurs et la bonne compagnie du cru. Tu ne croirais pas qu'une bécasse de baronne allemande qui y mène ses filles a trouvé mauvais que j'y fusse, et a défendu à ses filles de danser avec moi. C'est un capitaine de cavalerie qui loge chez elles qui est venu me conter cela. Il en était furieux et voulait déloger à l'instant même. Sa colère était burlesque, et j'ai été obligé de le calmer ; mais je n'ai pu l'empêcher hier soir d'aller donner le mot à tous les Français militaires et autres qui sont ici, et comme j'arrivais au bal amenant mon quartier-maître et mon chef d'escadron, avec lesquels je venais de dîner, d'autres officiers s'approchent de nous et nous disent : La consigne est donnée, le serment est prêté, aucun Français ne dansera avec les filles de la baronne ***, j'espère, messieurs, que vous voudrez bien prendre le même engagement. — Je demande pourquoi : on me répond que la baronne a défendu à ses filles de danser avec les soldats, et j'apprends ainsi que c'est moi qui suis la cause de cette conspiration.

. . . .

Mon régiment part pour Siegbourg, qui est à six

lieues d'ici. Mon quartier-maître et mon chef d'escadron me font mille amitiés. Ils m'ont dit qu'ils me demanderaient au général ; le chef de brigade veut absolument m'avoir dans le régiment. — Dis à tous les meuniers des bords de l'Indre que je bois à leur santé et que je les remercie de leur amitié.

. . . .

LETTRE XXV

Cologne, le 28 nivôse an VII (janvier 99).

Nous partons demain pour Düren ; nous allons passer en revue le 25ᵉ régiment de cavalerie, ci-devant les dragons de la république, le plus mauvais régiment de toute l'armée, à ce qu'on dit. Mon cheval n'est point encore arrivé, mais je monte celui du hussard rouge ; c'est une jeune jument qui n'a ni rime ni raison, qui va à gauche quand on lui indique la droite et qui n'obéit que par les procédés les plus contraires aux lois du sens commun et de l'équitation. Mon camarade rouge m'a indiqué les procédés particuliers dont il est l'inventeur pour la faire obéir, sans quoi je n'en serais jamais venu à bout. Je lui ai fait mon compliment de cette heureuse éducation.

. . . .

Je suis tenté de bénir la fameuse baronne qui veut que les ordonnances *attendent dans la cour* pendant que les officiers sont au bal. Cela m'a valu les paroles les plus aimables, les regards les plus ravissants de mademoiselle..... et nous sommes dans un échange d'intérêt et de reconnaissance qui me fait beaucoup espérer. Cette jeune personne est chanoinesse et à peu près maîtresse de ses actions. Elle est charmante, et ma foi, si une chanoinesse du chapitre électoral n'a pas peur de mon dolman, je puis bien narguer la vieille baronne et ses pies-grièches de filles. . . . .

Düren, 28 nivôse.

J'en étais là, ma bonne mère, lorsque l'heure du souper me força de te quitter. Je mis ma lettre dans ma poche, et je partis le lendemain. Dès le matin je me botte, et je vais à l'état-major prendre l'ordre pour le départ. Le sieur Caulaincourt, qui était *dans ses bonnes*, me dit qu'il ne m'a fait donner l'ordre du départ qu'autant que cela me ferait plaisir; que si j'aimais mieux rester, il ne tenait qu'à moi. Il y avait bal le soir, j'y devais retrouver ma charmante chanoinesse, et ajoute à cela le froid piquant qui ne dispose pas à la promenade. J'étais bien tenté de profiter de la permission de remettre mon cheval à

CHAPITRE NEUVIÈME.

l'écurie, et d'aller me chauffer au poêle rouge du secrétaire en attendant l'heure fortunée. Cependant je crus lire dans les yeux malins de mons Caulaincourt qu'il s'attendait à me voir accepter avec empressement, et je ne me souciai pas de n'avoir que le titre d'ordonnance sans en remplir les fonctions. Sa bienveillance ressemblait trop à un brevet d'inutilité. Je pris l'ordre, je sautai sur mon cheval, et je partis avec les carabiniers d'ordonnance. Alors Caulaincourt, prenant un air tout à fait charmant, me rappela, et me dit : Nous allons faire une triste campagne. Les logements sont d'une saleté affreuse pour la plupart. Était-ce une épreuve tentée sur *mon courage*, ou avait-il remarqué que je m'amourachais de mademoiselle ***, ce qui lui ôtait sa frayeur de me voir plaire à mademoiselle P.....? ou bien encore a-t-il le désir de me faire passer aux yeux du général pour une poule mouillée? Je n'en sais rien; mais, voyant qu'il tenait à me faire rester, je tins d'autant plus à partir, et je lui dis que je tâcherais d'avoir un logement propre ou de savoir m'en passer. Il ajouta alors d'un air paternel : Eh bien, si vous avez le malheur de tomber sur un logement trop désagréable, allez trouver le quartier-maître, et dites-lui de ma part de vous en donner un meilleur; et que s'il ne le fait pas, *je lui tirerai les oreilles*. Comment trouves-tu la commission donnée à un simple chasseur, pour un officier qui pourrait bien rendre la commission au lieu de l'accepter? Vous êtes bien bon, dis-je à Caulaincourt; et me voilà parti sur la jument, ou plutôt sur l'âne rouge du hussard rouge, dont j'aurais été fort vexé, je t'avoue, de ne pas me rendre maître, tandis que le citoyen aide de camp me suivait des yeux. Je m'en tirai à mon honneur, et je fis ces huit lieues de Cologne à Düren d'un seul temps de trot avec les carabiniers.

En arrivant, je portai mon ordre au commandant, je fis loger les six chevaux du général, que les palefreniers avaient amenés derrière nous, puis je fus chercher mon logement. C'était un vrai taudis dont je ne serais pas sorti avec une goutte de sang. Les insectes de ce pays-ci ne craignent pas le froid. Sans m'inquiéter de rien, je m'en fus trouver le quartier-maître, et je lui rapportai les paroles dont j'étais chargé, d'un air très-grave, et avec l'aplomb d'un homme qui sait ce qu'il fait. Il se mit à rire aux éclats. Tous les officiers qui étaient là à travailler en firent autant. Il me salua jusqu'à terre, me prit sous le bras, me conduisit à la municipalité et me fit loger dans une bonne maison. Tu penseras ce que tu voudras de cette petite aventure : moi, j'aime mieux espérer que Caulaincourt l'a fait à bonne intention que de m'y fier absolument. Dans tous les cas, la chose a bien tourné, comme tu vois, et j'ai été logé chez des gens qui sont tout confits en Dieu. L'hôtesse est une veuve de quarante ans qui vous recommande au ciel quand vous éternuez, et son frère un monsieur à perruque qui dit son *benedicite* avant la soupe. Ces gens-là mangent fort bien, ils ont une maison bien close, des poêles bien chauffés, des lits moelleux, et ils vous reçoivent avec autant de grâce que s'ils vous avaient invité. J'ai pensé aux dévotes du *Paysan parvenu* de Marivaux, et j'étais là, moi chasseur harassé et affamé, comme le héros du livre. Quelle aubaine! me disais-je, et j'ai répondu *amen* avec componction quand on a récité les *grâces*. Vive les dévots pour bien vivre! Le matin j'avais déjeuné à Cologne avec un autre quartier-maître, celui de mon régiment, qui est le meilleur garçon que la terre ait porté. Il était arrivé la veille de Siegbourg, et, en s'éveillant, il avait envoyé le wagenmeister dans toute la ville pour me chercher avant que le jour m'eût fait sortir de mon lit. Il m'avait lesté pour ce voyage d'huîtres et de côtelettes; mais tout cela était loin quand j'arrivai chez mes dévots. Aussi je fis honneur à leur choucroute et à leur dindon farci de pruneaux et de poires tapées. Si à Nohant on m'eût parlé d'un pareil ragoût, j'aurais fait la grimace, mais à Düren il m'a semblé admirable et apprêté par la main des dieux. Il paraît que je n'ai guère d'accent, car ils s'obstinaient à me prendre pour un Allemand, et je n'ai pas beaucoup insisté sur ma qualité de Français, tant que la faim m'a fait désirer de ne pas perdre tout d'un coup leurs bonnes grâces et leurs bons morceaux. Ils n'en furent au reste pas moins aimables, et ce sont de braves gens. Le général va arriver ce matin. Je n'ai que le temps de t'embrasser après tout ce bavardage, auprès du poêle de mes hôtes bénis. Je me sers de leurs plumes et de leur cachet, où il y a ma foi des armoiries! Trois oiseaux, Dieu me pardonne! Ce sont des poulets; trois dindons farcis peut-être. La belle devise!

LETTRE XXVI

Cologne, le 7 pluviôse an VII.

J'ai reçu ta lettre à Düren, ma bonne mère, où elle arriva à propos pour me faire passer une douce soirée. Elle était dans les dépêches du général qui furent apportées de Cologne par une ordonnance extraordinaire. Nous avions inspecté le matin (je crois que c'était le 30 nivôse) les dragons de la république, aujourd'hui le 25ᵉ de cavalerie. Le général, avec son grand uniforme couvert d'or, son écharpe de satin rouge à glands d'or, était monté sur une magnifique jument blanche. Les deux aides de camp le suivaient; Durosnel avait son grand uniforme de chasseur, Caulaincourt était suivi d'un cuirassier, moi, j'étais derrière Durosnel¹ : ce qui me plaisait beaucoup mieux. Nous étions précédés d'un capitaine du 25ᵉ qui nous conduisait au lieu de la revue. Il faisait un beau soleil. Tous les galons, tous les plumets brillaient et flottaient. Nous avons traversé la ville de Düren en caracolant. Quand nous fûmes en face du régiment, toutes les trompettes sonnèrent aux champs. Nous traversâmes les rangs. Ensuite le général fit rompre par compagnies, et passa le régiment en revue, ce qui dura quatre heures. Il vint à pleuvoir et à faire grand froid, c'était beaucoup moins joli qu'au départ. Enfin nous rentrâmes transis et mouillés. Lorsque j'étais muscadin, tout

---

¹ Le comte Durosnel, né à Paris et fils d'un chef de bureau de la cavalerie du ministère de la guerre. Son goût pour les armes et une éducation soignée le firent avancer rapidement dans la carrière militaire. Il passa successivement par tous les grades jusqu'à celui de général de brigade, qu'il obtint le 24 décembre 1805 pour sa belle conduite à Austerlitz. Il ne se distingua pas moins à Iéna, et fit une charge hardie qui produisit le plus grand effet. Détaché sur l'Oder après cette journée pour intercepter les convois, il réussit dans son opération, se signala également dans les campagnes de 1807, 1808 et 1809, fut fait général de division pendant cette dernière campagne, dans laquelle on le crut tué, mais où il ne fut que blessé et fait prisonnier. Nommé gouverneur de Dresde après la prise de cette ville en 1813, il y resta jusqu'à la capitulation, et fut nommé en 1815 par Bonaparte au commandement en second de la garde nationale de Paris, etc. (*Voir la biographie moderne de* 1815.)

cela m'aurait enrhumé : mais maintenant le froid, le chaud, le sec, le mouillé, tout m'est indifférent.

Tu me demandes si ma coiffure de cheveux est à la mode. Personne dans le régiment n'en porte de pareille; mais on voit quelques officiers du génie s'arranger comme cela, et plusieurs personnes, entre autres mon quartier-maître, trouvent que cela va très-bien avec l'uniforme de chasseur. Pourtant je promets à tout le monde de laisser grandir mes cheveux afin de faire une queue, et d'ici à ce qu'ils soient de longueur, j'ai le temps de me laver la tête. On t'a donc dit que si je devenais officier l'uniforme serait ruineux, et déjà tu t'inquiètes des douze cents livres qu'il faudra pour m'équiper. Rassure-toi, ma bonne mère; d'abord je ne suis pas officier encore, et je serai bien heureux de commencer par être maréchal des logis, car plus nous allons, et moins il est possible d'arriver d'emblée à un autre grade. Mon général sent bien qu'il ne pourra tenir les promesses qu'il a faites, car il ne m'en parle plus. Quant aux douze cents livres, réduis cela dans tes prévisions à cent cinquante. Le petit uniforme d'officier consiste en un frac vert avec l'épaulette, grand revers sur la poitrine. Le dolman de grande tenue, étant galonné et gansé en argent, serait un peu plus cher. Mais si le tout va à deux cents livres, c'est le bout du monde.

Mon colonel s'appelle Ordener ; c'est un Allemand

CHAPITRE NEUVIÈME.

fort brave homme, à ce que dit tout le monde. Je le verrai bientôt quand nous irons inspecter les régiments de la division. Mon régiment est maintenant à Coblentz.

7 pluviôse an VII.

. . . .

Tu sais sûrement déjà que Ehrenbreitstein est rendu. Le Rhin fait ici des ravages du diable. Le port de Cologne est plein de bâtiments marchands hollandais : les glaces les ont d'abord fortement serrés; ensuite est arrivé un débordement qui les a portés à la hauteur des premiers étages des maisons du port. Il a gelé de nouveau par là-dessus; puis tout à coup, le Rhin est rentré dans son lit, de manière que l'eau n'étant plus sous la glace, la glace s'est brisée et les bâtiments qui s'étaient rangés contre les maisons, de plain-pied avec les croisées du premier étage, sont retombés sur le port de trente pieds de haut et se sont fracassés en grande partie. Cet événement est unique et ne s'est peut-être jamais vu. Hier je suis resté toute l'après-midi sur le bastion du Rhin à observer ses mouvements, avec un officier d'artillerie, jeune homme rempli de talents que j'ai pris en amitié et qui me le rend. Nous avions une pièce de quatre, et à chaque effort de la glace nous avertissions les hommes du port par un coup de canon. Je me suis ressouvenu de mes jeux de la rue du Roi de Sicile, et en mettant le feu je sentais que cela m'amusait encore. Tu as beau dire, ma chère mère, il n'y a rien de joli comme le bruit. Je voudrais bien pouvoir t'importuner encore de mon vacarme!... mais on vient me chercher pour dîner. On crie, on rit, c'est un bruit à ne pas s'entendre, et quoique j'aime le tapage, je m'en passerais bien quand je cause avec toi. Allons, il faut que je te quitte brusquement, mais avant, je t'embrasse comme je t'aime.

Avant de transcrire la lettre suivante, je dois peut-être demander pardon à quelques lecteurs de rapporter la critique enjouée que mon père fait de M. de Caulaincourt. Il me semble pourtant qu'il n'y a rien là de sérieux ni d'affligeant pour les parents et les amis de ce personnage. Quand il s'agit d'un homme aussi marquant que l'a été le duc de Vicence, ses traits, ses manières, le détail de sa vie, appartiennent en quelque sorte à l'histoire, et la correspondance que je publie appartient déjà à l'histoire. C'est de la couleur, comme on dit aujourd'hui. Ce n'est que cela, et c'est encore quelque chose, j'en conviens; mais je sais le respect qu'on doit aux morts, surtout aux parents des morts. Aussi je rapporterai, sans en rien omettre, le bien que mon père aura plus tard à dire de celui qui lui inspirait dans sa jeunesse une si naïve antipathie. Cette antipathie, qui ne porte pas sur des faits graves, mais sur des choses d'instinct, est concevable de la part d'un homme aussi franc, aussi ouvert, aussi extérieur, pour ainsi dire, que l'était le jeune soldat de la république, placé dans la dépendance et sous les ordres d'un homme grave, froid et concentré. Il n'y a là rien autre chose que la rencontre de deux organisations différentes.

LETTRE XXVII

Cologne, 16 pluviôse an VII (février 99).

Je ne te dirai pas, ma bonne mère, comme le savetier de la fable :

> Rendez-moi, s'il vous plaît, mes chansons et mon somme,
> Et reprenez vos cent écus.

Non, l'arrivée des cent écus va me rendre mon somme et mes chansons, qui n'ont pourtant pas beaucoup souffert, je te le confesse, du vide de ma bourse. Depuis huit jours, je suis sans un sou, et j'aime encore mieux m'en passer que de demander quelque chose à mon général. Je n'ai point peur de lui, mais je ne saurais me résoudre à avoir pour intermédiaire M. de Caulaincourt. Ce *citoyen-là* a l'air si important, si *protégeant;* je désire si peu, et même je redoute tant sa protection, que j'y échappe autant qu'il m'est possible. Tu me demandes de te tracer son portrait. Caulaincourt est un homme d'environ vingt-cinq ans. Il a un pouce de plus que moi. Il est assez bien sur ses jambes, quoiqu'il porte les genoux un peu en dedans. Il a le visage carré, le nez gros, les yeux petits. Son air serait noble s'il ne le rendait insolent. Soit qu'il marche ou qu'il danse, il tend le derrière et relève la tête avec affectation, ce qui lui donne un profil assez singulier. Il parle toujours haut et en relevant encore plus la tête.

Hier soir, au bal, il me proposa une partie de masque, et au premier moment je crus qu'il s'agissait de monter à cheval, tant l'intonation répondait peu au sujet du discours. Il me fallut entendre à plusieurs reprises le mot de masque pour comprendre qu'il s'agissait d'une partie de plaisir. Cette partie devait avoir lieu après une comédie allemande que les barons donnent ce soir, et pour laquelle j'ai reçu un billet d'une grande dame que je ne connais pas et à qui je n'en avais pas fait demander. Ce matin, à l'état-major, d'où je t'écris, Caulaincourt est venu me dire, toujours du même ton, que la partie n'aurait peut-être pas lieu, parce que la comédie durerait très-longtemps. Ce sera gai!

CHAPITRE NEUVIÈME.

Durosnel est un très-bon garçon, fils d'un secrétaire du ministre de la guerre sous Louis XV. Il est fort bien tourné, c'est un joli officier.

C'est aujourd'hui le mardi gras, et il n'y a rien de moins triste que ce jour-là. Pourtant il m'attriste presque autant que le premier de l'an. Ces jours qui réunissent les familles me font sentir mon isolement. A de certaines époques, l'âme habituée à se dilater souffre doublement lorsqu'au lieu de s'épanouir elle est forcée de se replier sur elle-même. Mais pourtant je me console en songeant qu'on pense à moi à Nohant, que quelqu'un m'aime à Nohant, et que les vœux que je vois faire autour de moi et auxquels je n'ai nulle part, on les fait pour moi à Nohant.

Le 17.

. . . .

La comédie était détestable, pitoyable, insupportable. C'est égal, on y va par ton, parce qu'il faut être général ou baron pour avoir des billets. Entre les deux pièces, Caulaincourt est venu m'appeler. J'ai encore cru qu'il allait me donner un ordre. Non, c'était pour nous masquer. On m'a habillé en femme, j'avais dix pieds de haut. Je tenais d'une main un parasol, de l'autre je portais sous mon bras un grand danois appartenant à Durosnel. Nous étions trois carrossées de masques. Caulaincourt faisait le rôle de mon mari, et je m'appelais madame de Pont-Volant. Avec mon grand éventail et ma longue taille, j'étais la caricature de l'*ancien régime.* Nous avons été ainsi dans toutes les grandes maisons de la ville, ce qui est assez impertinent. Nous avons été aussi chez le général, qui m'a pris tout de bon pour une femme et voulait m'embrasser. J'ai été forcé d'appeler M. de Pont-Volant à mon secours.

LETTRE XXVIII

Cologne (sans date).

Tu me fais frémir avec les tremblements de terre. Il ne nous manque plus qu'une éruption volcanique. Les gazettes allemandes ont fait là-dessus une capucinade fort comique. Elles nous menacent des châtiments célestes. Cependant la ville de Cologne, qui est fort dévote, et qui s'intitule la ville des trois rois et des onze mille vierges, a été houspillée par les glaces bien plus que nos bonnes villes de France par le tremblement de terre.

Tu ne croirais pas, ma bonne mère, que depuis quatre jours on parle beaucoup de moi ici. J'ai figuré comme témoin dans une affaire qui a failli bouleverser Allemands et Français dans la ville. J'ai fait connaissance avec un jeune homme de la conscription qui est dans le 23ᵉ chasseurs et qui restait à Cologne par le crédit de Caulaincourt. Nous étions dernièrement à un bal de nuit qui s'est donné à la comédie et pour lequel le général m'avait donné un billet. Un jeune Allemand, qui est en rivalité d'amour avec mon camarade le chasseur, vint assez mal à propos se mêler de la conversation que ce dernier avait avec la belle. Ils se piquèrent de propos, et l'Allemand traita mon camarade de polisson et de Jean..., Grande rumeur autour d'eux. Moi, voyant le chasseur cerné, je vais à lui, et, sans faire de bruit, nous emmenons l'Allemand dans un coin et nous lui promettons une autre entrevue pour le lendemain. Notre homme reste la bouche ouverte et a l'air de ne pas vouloir nous comprendre. Le lendemain matin, en sortant du bal, nous allons chez lui, et le chasseur lui demande s'il est encore un polisson. « Oui, monsieur, dit l'Allemand, vous l'êtes. — En ce cas, monsieur, prenez un témoin et venez vous battre. — Je ne me battrai pas, messieurs, je ne me bats jamais. » A cette belle réponse, mon camarade lui campe un soufflet. L'Allemand crie et appelle au secours. Tous les habitants de la maison remplissent l'escalier en un instant. Je me plante devant la porte et j'en interdis l'entrée. Les Allemands prennent leur temps pour toutes choses. Pendant qu'ils délibèrent sur le parti à prendre, mon camarade achève de souffleter son homme en conscience. Il crie, et toute la maison se met à crier au secours et à la garde. Nous sortons de la chambre. Nous dégringolons l'escalier au milieu des Allemands consternés, et nous décampons.

Notre souffleté s'habille et court chez le général Jacobi, qui est chargé du détail de la place, et lui fait une grande plainte par écrit dans laquelle il nous accuse d'avoir voulu l'assassiner. Le général mande le chasseur, qui raconte l'affaire naïvement. Dans la crainte d'un grand scandale dans la ville, le général, tout en lui donnant raison, avait envie de le faire partir sur-le-champ. L'aide de camp de Jacobi, qui est mon ami, plaide la cause de mon camarade et la gagne.

Cependant l'aventure a bientôt fait le tour de la ville. Nous ne nous gênons pas, nous autres Français, pour qualifier la conduite de l'Allemand souffleté ; ses compatriotes en rougissent et vont le trouver pour le forcer à se battre. Un Français même s'offre généreusement à lui servir de témoin. Ne pouvant plus reculer, il écrit sur grand papier et en grand style germanique un cartel à mourir de rire à notre chasseur. On aurait dit de Roland défiant les douze pairs. Nous acceptons gravement, et nous voilà tous, un beau matin, sur les bords du Rhin. L'Allemand, qui comptait toujours que l'affaire s'arrangerait, n'avait point voulu apporter d'armes. Je lui prête mon sabre. Le chasseur le charge à la française. L'autre pare comme il peut, et recule jusque dans l'eau. Là, mon chasseur, qui ne voulait que l'effrayer, fait voler d'un revers de sabre la moitié de la monture du mien, que l'Allemand faillit jeter dans le Rhin dans sa précipitation à mettre bas les armes. Il demande à capituler. Nous nous faisons prier. Il offre d'aller retirer sa plainte. Moi, qui n'étais point essoufflé par le combat, je lui fais un beau sermon (à la Deschartres). J'exige qu'il ira non-seulement retirer sa plainte, mais dire au général que personne n'a jamais eu l'intention de l'assassiner.

Il consent, et nous prie d'accepter un déjeuner. Il court chez Jacobi exécuter nos conditions, il revient nous en rendre compte, nous donne à dîner et nous régale splendidement. De là il nous mène à la comédie. Enfin nous avons vécu toute la journée sur le pays ennemi. J'ai conté toute l'affaire à Caulaincourt et au général Harville, qui ont ri aux larmes de mon récit.

Mais ce n'est pas tout. Mon Allemand, qui me regarde comme le sauveur de ses précieux jours, m'accable de politesses ; hier au bal il m'a cédé deux fois sa danseuse ; il voulait me faire boire tout le punch du buffet ; il adore le militaire français, et m'appellerait volontiers monseigneur. J'ai conté toute l'histoire à ma chanoinesse, qui en a ri du bout des lèvres, en disant que c'était *pien pête de se bâte comme ça pou' rien, et d'avoir manqué duer ce baufre monsieur*, que nous n'avions voulu lui faire du mal que parce qu'il était Allemand, et que nous n'aimions pas les Allemands. Je l'ai assurée qu'en revanche nous aimions beaucoup les Allemandes. Elle en est convenue, et nous avons fait la paix.

Tu la désires beaucoup, la paix, ma bonne mère, et moi je tremble qu'on ne la fasse. La guerre est mon seul moyen d'avancement. Si elle recommence, je suis officier avec facilité et avec honneur. En se conduisant proprement dans quelque affaire, on peut être nommé sur le champ de bataille. Quel plaisir, quelle gloire ! mon cœur bondit rien que d'y songer. C'est alors qu'on obtient des congés, qu'on revient passer d'heureux moments à Nohant, et qu'on est par là bien récompensé du peu qu'on a fait !

J'étudie maintenant la théorie de l'escadron et je me mets dans la tête tous les commandements, de manière qu'avec un peu de pratique je serai bien vite au courant.

Tu me dis que tes lettres sont trop longues, je voudrais qu'elles le fussent encore davantage. C'est mon bonheur quand je puis en avoir pour une heure à lire.... On ne s'appelle plus ici *citoyen* ni *citoyenne*, les militaires entre eux reprennent le *monsieur* chaque jour davantage, et les dames sont toujours des *dames.* Dis au père Deschartres qu'il est un cochon de tant dormir.

Adieu, ma bonne mère, je t'embrasse de toute mon âme.

LETTRE XXIX

Cologne, le 20 pluviôse an VII.

Heureux celui qui conserve sa mère, et qui peut jouir de sa tendresse! celui-là est prédestiné, car il aura connu le bonheur d'être aimé pour lui seul!

Ta lettre, ma bonne mère, est venue compléter bien agréablement ma journée. Je l'ai reçue au retour d'une promenade que j'ai faite de l'autre côté du Rhin avec Lecomte (c'est le nom du chasseur à qui j'ai servi de témoin). Il m'a mené voir le bâtiment d'un négociant de ses amis. Ce vaisseau n'a point souffert des glaces; il est très-joli, les chambres sont d'une propreté parfaite, nous l'avons visité dans tous les sens. Il était rempli de marchandises. Le négociant avec tout son monde était occupé à le faire charger pour la Hollande. Maîtres et ouvriers grouillaient sur le pont. Il faisait le plus beau temps du monde ; seuls nous ne faisions rien, le chasseur et moi, au milieu de tous ces visages affairés. Pour moi, appuyé sur mon sabre, la pipe à la gueule, l'œil stupidement fixé sur ce spectacle, je me disais à part moi : « Je suis né dans une condition plus riche et plus élevée que ces gros négociants, qui ont des maisons en ville, des vaisseaux en rade, de l'or plein leurs coffres ; et moi, soldat de la république, je n'ai pour toute propriété que mon sabre et ma pipe. Mais les glaces, mais le feu, mais les voleurs, mais les douaniers ne m'empêchent pas de dormir; que d'inquiétudes de moins ! Que la ville s'effondre, que le port et tout ce qui est dedans s'engloutissent, je m'en moque.... et même, je dirais à la hussarde je m'en... Travaillez pour vous-mêmes, canaille, amassez de l'argent ; nous, nous travaillerons pour notre pays, et nous recueillerons de l'honneur ; mon métier vaut bien le vôtre. »

Là-dessus, laissant mon chasseur à bord, occupé à vider quelques bouteilles avec son ami le négociant, je suis revenu trouver ma chanoinesse, qui m'avait promis d'avoir un grand mal de tête pour se dispenser d'aller à la comédie, ce qui lui permettrait de rester *seule* chez elle toute la soirée.

Tu me demandes quelle est cette grande dame qui m'a procuré un billet pour la comédie des barons, sans que je lui en eusse fait la demande. C'est une chanoinesse amie de la mienne, qui s'appelle madame Augusta de Frenchen. Elle est grande, belle, une tournure d'impératrice. L'autre jour, au bal, le général lui donnait le bras. Il avait son grand uniforme, son écharpe rouge à glands d'or, cela faisait le couple le plus noble, le plus solennel et le plus cérémonial qu'on puisse imaginer. Mais toutes ces grandes tournures n'appellent pas l'amour et la confiance comme les yeux de ma chanoinesse. Ce sont de ces yeux qui vous fixent avec intérêt, avec esprit, qui d'un bout d'une salle à l'autre devinent si vous êtes triste et pourquoi vous l'êtes, qui se rencontrent sans cesse avec les vôtres, vous comprennent, tour à tour s'animent et s'adoucissent; et quand un sot en épaulettes se pavane devant eux, vous disent clairement : C'est vous, soldat, que je préfère.

Tu me demandes de te faire aussi le portrait du général Harville. Tu vas le connaître dans l'instant. Cinq pieds cinq pouces, un peu gros, très-bien sur ses jambes, cheveux blancs, front découvert, nez aquilin, menton un peu relevé, l'air et le port extrêmement nobles, aisance d'un homme de cour, par conséquent extrêmement poli avec les inférieurs. Un trois-quarts de révérence, le ton bref et haut, mais riant ; faisant des questions et n'écoutant pas souvent la réponse ; vous faisant sentir, quand cela lui arrive, qu'il a fait une grande exception en votre faveur et qu'il ne faudrait pas en abuser. Le vulgaire est enchanté de sa politesse, parce qu'il adresse volontiers la parole et que plusieurs prennent cette marque de supériorité pour de la familiarité et de la cordialité; tandis que rien n'annonce plus la puissance que cette manière d'interpeller ceux qui n'oseraient vous parler les premiers.

Il me traite beaucoup mieux en particulier qu'en public, cela se conçoit. Il est généralement estimé et il aime à obliger. Enfin il est très-bon, et il serait encore meilleur sans son neveu Caulaincourt.

Ce cher neveu part dans trois jours. Que le ciel le conduise et ne nous le ramène pas de longtemps! L'autre jour n'a-t-il pas été gronder le hussard rouge de m'avoir prêté son cheval! Cela prouve bien qu'il m'en veut, et que je ne lui ai pas fait plaisir en allant à la revue; car sans cette bête j'étais à pied. Le hussard est blessé à la jambe, depuis un mois son cheval se serait abîmé à l'écurie si je ne l'avais promené. Mais Caulaincourt, qui m'avait vu passer sur le rempart, et qui ne m'avait rien dit, vient lui faire une semonce en criant de toutes ses forces que je ne promenais pas son cheval, mais que je me promenais sur son cheval, vu qu'on ne promène pas les chevaux avec une selle, mais avec une couverte. La belle sentence! Et pourquoi ne me dit-il rien à moi, tandis qu'il humilie mon pauvre diable de camarade? C'est donc parce que je suis un fils de famille? Eh bien, je ne lui en sais aucun gré. C'est Maulnoir, le jeune officier de dragons, et le secrétaire qui m'ont raconté cette algarade, et qui en haussaient les épaules. Il est étonnant qu'avec de l'esprit et des moyens on ait des petitesses pareilles.

A propos de cheval, j'attends toujours le mien. C'est un chasseur du dépôt qui devait me l'amener, et les remontes ont subi des changements. En somme, je n'ai rien à faire et je suis à pied. Il est vrai que je suis amoureux et aimé. C'est beaucoup, mais enfin je ne me suis pas engagé pour faire l'amour.

Que tout ce qui se passe dans cette pauvre métairie est triste! Tous ces braves gens qui meurent les uns après les autres! je les regrette comme toi.

. . . .

— On est bien bête de m'estropier ainsi à la Châtre et de te donner de l'inquiétude. Je voudrais rosser ceux qui te font ces peurs-là. Souviens-toi donc, ma bonne mère, que je suis *invulnérable*, et que je tomberais du haut de la cathédrale de Cologne, comme je suis tombé du haut du château de Châteauroux, sans me faire de mal.

. . . .

Mon père rappelle ici une aventure de son enfance. N'ayant que trois ans, il tomba d'une fenêtre sous le toit, dans les fossés du vieux château de Châteauroux, qu'occupait alors M. de Francueil son père, comme receveur général des finances. On le releva couvert de sang; mais quand on l'eut lavé, on reconnut qu'il n'avait aucune blessure. Il était tombé sur un amas d'entrailles d'animaux de boucherie, que les cuisiniers avaient jetées dans les fossés quelques instants auparavant, et qui lui avaient servi de lit pour le recevoir et le préserver. Mais il était dans sa destinée de périr de mort violente, et sa pauvre mère en eut toujours le pressentiment et la terreur depuis cet effroyable et miraculeux accident.

Dans la lettre qu'on va lire, il est question d'un portrait, et comme j'ai ce portrait sous les yeux, je veux dire ici quel était l'aspect de ce jeune homme dont la correspondance révèle un cœur si bon et si pur, un esprit si franc, si enjoué et si juste! Pour le dépeindre en peu de mots, je me servirai de la forme qu'on vient de le voir employer pour son général et M. de Caulaincourt.

Cinq pieds trois pouces, la taille mince, élégante et bien prise, le teint pâle, le nez un peu aquilin, admirablement dessiné, la bouche intelligente et bonne, les sourcils et la moustache noirs et nets comme des lignes marquées à l'encre, les yeux grands, noirs, doux et brillants à la fois, les plus beaux yeux qu'on puisse imaginer; les cheveux épais et poudrés tombant négligemment sur le front, qu'ils couvrent presque entièrement sans y être collés. Cette masse de cheveux poudrés, touchant presque à des sourcils d'un noir de jais, sied fort bien et fait ressortir l'éclat des yeux. En somme, l'être et la figure de mon père à cette époque sont d'une délicatesse extrême, et on conçoit bien que, malgré sa taille, le général d'Harville ait pu le prendre pour une femme sous le masque. En outre, il avait le pied petit et la main d'une beauté parfaite.

Ce portrait est fort joliment peint. Le costume de chasseur est vert presque noir, le collet rouge foncé, et les galons blancs lui donnent une apparence sévère et simple qui va très-bien à cette physionomie, où une habitude de mélancolie rêveuse combat l'enjouement naturel.

Plus tard mon père prit un peu d'embonpoint sans perdre l'élégance de sa tournure. Sa figure se remplit, ses traits s'accusèrent. Il devint un des plus beaux officiers de l'armée. Mais pour moi, sa beauté idéale, son charme le plus pénétrant, sont dans le petit portrait dont je parle et dont il va parler.

LETTRE XXX

Cologne, 26 pluviôse an VII (février 99).

Eh bien, ma bonne mère, suis-je arrivé à bon port? Comment me trouves-tu? Suis-je ressemblant?

Tout le monde ici l'a trouvé, comme on dit, *frappant*. Et moi, qui de ma vie n'ai trouvé qu'un portrait me ressemblât, dès l'instant que je me suis vu dans celui-ci, je me suis *reconnu*. Il y a bien longtemps qu'il était commencé, et j'aurais voulu te faire cette surprise pour tes étrennes; mais, au beau milieu de son ouvrage, le peintre est parti pour Coblentz, d'où il n'est revenu que ces jours-ci.

J'ai reçu l'argent, j'ai payé mes chemises et mes mouchoirs, me voilà dans mes meubles! Il était temps que le carnaval finît, car tous les soirs depuis huit jours je m'en campais pour six ou huit livres dans les..... Les Allemandes ont bon appétit, et quand vous les avez fait danser, vous êtes toujours forcé de leur offrir quelque chose. Aussitôt qu'elles ont bu, elles tombent sur les tourtes. Les mamans arrivent : Ah! maman, vous prendrez bien quelques-unes de ces darioles! — Vient le frère. Parbleu, mon cher ami, nous boirons ensemble un verre de punch. Si le chien venait, il faudrait aussi le faire bâfrer. Enfin c'est l'usage. Si vous arrivez dans une maison à cinq heures du soir, on vous offre, par manière de rafraîchissement, du vin et une tranche de jambon. Tu dois juger par là du mince effet que produisent des sucreries sur des estomacs constitués de la sorte.

J'ai quitté mes négociants et la triste chambre dont je t'ai fait la description. Je suis logé maintenant par merveille. J'ai une jolie chambre avec du feu, et tous les matins on m'apporte du thé avec du pain et du beurre. J'y suis pourtant en billet de logement, mais c'est la maison du bon Dieu. Mon hôte est un aimable docteur qui a une très-jolie fille, laquelle joue assez bien du piano. Le secrétaire du général Laborde logeait chez ce digne homme, et, en partant, il m'a cédé son logement, que j'ai eu le droit de prendre en allant rendre le mien à la municipalité. J'ai été m'installer avec mon sabre sous le bras et mon billet à la main, comme le comte Almaviva, et j'ai dit comme lui en entrant : « N'est-ce pas ici que demeure la maison du docteur..... — Non pas Bartholo, a répondu gaiement mon aimable hôte, mais Daniel, enchanté de vous recevoir. » Tu vois que mon bonheur me suit partout. Je trouve partout des amis ou des gens tout prêts à le devenir.

Il y a bien du changement dans notre état-major. Durosnel s'en va, tant pis! et Caulaincourt aussi, tant mieux! Durosnel n'était que chef d'escadron *à la suite;* il va rejoindre le 10ᵉ de hussards comme chef d'escadron en pied. Caulaincourt est redemandé à son corps, bien du plaisir! Le général va se trouver sans aides de camp. Il nous est arrivé depuis quinze jours un petit officier de dragons que le général aime et protége beaucoup. C'est un garçon de dix-huit ans qu'il avait fait officier; mais le Directoire n'ayant pas voulu confirmer la nomination, ce jeune homme, malgré un an de grade passé au corps, a été forcé de quitter son poste et de perdre son grade. Tu vois qu'il n'est plus si facile d'avoir de l'avancement et que les protections n'y font rien. Il faut en prendre son parti puisque c'est juste, et tâcher de gagner ses éperons, comme les anciens chevaliers, par de véritables prouesses. Ce jeune homme attend ici la fortune des événements, comme nous tous. Il porte cependant toujours ses épaulettes, le général l'emploie comme officier de correspondance ; mais c'est un peu par contrebande que tout cela se fait, et pourra bien ne pas durer. Ce serait pourtant dommage que ce garçon ne nous restât pas et fût retardé dans sa carrière pour avoir trop bien débuté : car il est fort aimable et nous sommes très-liés. Quand nous sommes dans le bureau, le soir, avec le secrétaire, et que le général et les aides de camp sont partis pour faire leurs visites, nous sommes tous les trois comme des enfants débarrassés de leur précepteur ; nous faisons des tours de force, nous nous battons à coups de coussins : c'est une poussière, c'est un vacarme admirable, et quand il vient quelqu'un, nous soufflons les chandelles et nous nous cachons dans une grande armoire. On croit qu'il n'y a personne, on s'en va, et nous recommençons.

Tu me donnes de bien mauvaises nouvelles de

nos blés. Ils sont superbes ici, quoiqu'il y fasse bien plus froid que chez nous. Peut-être ne sont-ils pas gelés, peut-être que c'est une terreur à la Deschartres, car c'est un pessimiste s'il en fut.

Mon régiment est parti pour Haguenau. On l'écrase de marches et de contre-marches, Dieu sait pourquoi. Bonsoir, ma bonne mère, ne t'inquiète pas de moi, je me porte bien, et je ne sens pas le froid. Je n'ai eu qu'une seule migraine depuis que je suis ici. Je t'embrasse de toute mon âme. J'embrasse père Deschartres et ma bonne. Quand elle prétend que je l'oublie, réponds-lui de ma part qu'elle en a menti.

LETTRE DE MA GRAND'MÈRE

AU GÉNÉRAL D'HARVILLE

Nohant, 7 ventôse an VII.

Vous avez bien voulu, citoyen général, prendre part à mes douleurs et les adoucir. Ce souvenir est tellement présent à mon cœur et à ma pensée, que ce qui peut troubler votre bonheur excite mes sollicitudes. Mon fils me mande que vous allez être séparé de vos aides de camp, dont l'un surtout, le citoyen de Caulaincourt, comme votre parent, emporte vos regrets. Je voudrais que mon fils fût en état de le remplacer, non pas dans le poste élevé qu'il occupait auprès de vous, et auquel je sens que Maurice est encore trop nouveau pour prétendre, mais dans quelque partie qui vous soulageât de vos travaux. Si vous aviez la bonté de jeter les yeux sur lui, il apprendrait son métier sous vos ordres. Il chercherait à vous plaire et à mériter la marque d'estime que vous lui donneriez. Il est encore bien étranger au service, mais il n'a pas tenu à lui de se rendre plus utile, et il ferait avec zèle et intelligence tout ce que vous lui commanderiez. Vous m'avez donné une grande joie en me marquant qu'il se conduisait bien, et que vous vouliez le rendre économe. Cette intention de votre part me prouve qu'il vous occupe quelquefois : je vous en rends grâce, et vous êtes fait pour apprécier la reconnaissance d'une mère, puisque vous gardez un si tendre souvenir à celle qui vous a donné le jour.

J'invoque sa mémoire pour éveiller en vous un peu d'amitié pour mon Maurice. Ah! général, vingt-cinq ans plus tard, vous eussiez été aussi un pauvre conscrit. Que n'aurait point fait cette tendre mère pour adoucir votre sort! Quelles obligations n'aurait-elle pas eues à celui qui, comme vous, aurait pris son fils sous sa protection! Elle aurait cru trouver un second père pour lui et un noble ami pour elle.

Si j'avais le même espoir, général, me désapprouveriez-vous ?

Toutes les choses flatteuses que vous voulez bien me dire me touchent profondément; vous me donnez l'assurance que mes lettres ne vous importunent pas, et c'est encore une consolation que je vous dois de pouvoir vous parler avec confiance du cher objet de ma tendresse. Je vous renouvelle, citoyen général, les sentiments de gratitude et d'attachement avec lesquels, etc.

RÉPONSE DU GÉNÉRAL HARVILLE

A LA CITOYENNE DUPIN NÉE DE SAXE

Cologne, 20 ventôse an VII.

Je reçois à l'instant votre lettre du 7, citoyenne, et je ne calcule pas si c'est vous importuner en vous répondant si vite, puisque c'est pour vous donner des nouvelles de votre Maurice, que j'ai fait venir de suite chez moi pour lui parler de vous, et chercher en même temps à lui donner le goût de l'occupation. Il est vrai que dans ce moment il ne peut pas m'être très-utile. La partie bureaucratique de l'inspection a besoin d'hommes un peu rompus aux détails militaires, et dont l'écriture, en même temps soignée et rapide, puisse y être employée; or, il m'a dit que la sienne était assez négligée, et même il ne me paraît pas désirer ce genre de travail, qui en effet ne remplirait pas beaucoup le but d'activité et de distinction qu'il se propose. Il dîne avec moi aujourd'hui; nous serons comme en famille, et je pourrai causer davantage avec lui. Je m'occuperai de classer ses moments; malheureusement, dans l'état purement militaire il s'en trouve nécessairement beaucoup de perdus.

Les détails que je vous offre vous prouveront l'intérêt que je prends à l'être qui vous est cher, et répondront, de manière à aller jusqu'à votre cœur, à cette phrase de votre lettre : « *Elle aurait cru trouver un second père pour son fils, et pour elle un noble ami. Si j'avais cet espoir, me désapprouveriez-vous?* » Oh! non sûrement, citoyenne, dites un tendre ami. Votre tendresse pour votre fils, la sensibilité de votre langage et la reconnaissance que vous me témoignez pour un procédé si simple, me donnent le plus grand désir de vous connaître et de mériter votre bienveillance. Pardonnès mon griffonnage, j'écris tant que je ne puis plus écrire. Aggréés l'hommage pur et sensible que vous méritès.

Salut et respect.

AUGUSTE HARVILLE.

CHAPITRE DIXIÈME

Suite des lettres. — Maulnoir. — Saint-Jean. — Vie de garnison. — Excursion. — La campagne d'Égypte. — Aventure. — La *petite maison*. — Départ de Cologne.

LETTRE XXXI

DE MON PÈRE A SA MÈRE

Cologne, 24 ventôse an VII (mars 99).

Caulaincourt est enfin parti. Je lui ai souhaité une bonne santé et un beau voyage. Il m'a répondu par de grandes révérences encore plus glaciales que de coutume. Je n'ai pas pleuré, c'est singulier; ni le secrétaire non plus, ni le petit officier de dragons, ni personne que je sache, pas même sa maîtresse, qu'il ennuyait solennellement, j'en suis certain. Il n'y a que ce bon général qui le regrette. Et à propos, ma bonne mère, tu lui as donc encore écrit? Que tu es bonne de te tourmenter ainsi pour moi! Il ne m'a rien dit de ta lettre, mais j'ai deviné à son air, au dîner qu'il m'a donné le jour même, qu'il y avait quelque chose comme cela. Il m'a demandé si je me sentais capable de m'occuper dans les bureaux; ma foi, je lui ai dit que j'écrivais comme un chat; outre que c'est la vérité, je ne me sens point d'inclination pour ce métier fastidieux de copiste qui n'apprend rien et ne mène à rien. Il m'a fait beaucoup de questions sur ta fortune, sur tes relations, sur ta manière de vivre, et il prenait tant d'intérêt à tout cela, que le diable m'emporte si je ne le crois pas amoureux de toi sans t'avoir jamais vue. Il m'a demandé si je te ressemblais, je lui ai dit que oui, j'en suis trop fier pour le nier. Il m'a dit alors, par manière de compliment, que tu devais avoir été fort belle, et moi je n'ai pas pu me tenir de lui répondre que tu l'étais parbleu bien encore et que tu le serais toujours. Et là-dessus il a dit qu'il avait bien envie de te présenter son respect. Prends garde, ma bonne mère, qu'à force de s'occuper de toi, il ne m'oublie tout à fait; je sais bien que ce n'est pas là ton intention, et que si tu avais pu être coquette un seul jour dans ta vie, c'est à mon intention et pour mon bien que tu l'aurais été. Mais parlons sérieusement. Le général ne peut vraiment pas faire grand'chose pour moi dans les circonstances où nous sommes. Son poste est trop paisible, et mon inclination ne me porte pas à moisir dans la poussière des bureaux. Il faut attendre. Le général me dit que je ne m'occupe pas assez;

mais à quoi veut-il que je m'occupe, puisqu'il ne me donne rien à faire, que je n'ai pas même un cheval à monter, et que notre temps ici se passe à faire des visites, à aller au bal et à la comédie? Si je n'avais la passion de la musique, je m'ennuierais à mourir, car je suis obligé d'étudier les commandements et les manœuvres de l'escadron dans ma chambre, ce qui ne m'apprend pas grand'chose. Depuis que je suis chez mon docteur, j'accompagne sa fille. A ma prière, ma belle chanoinesse a repris la musique, qu'elle possède admirablement. Elle a fait venir un piano de Mayence, et elle le touche avec beaucoup de goût et de légèreté. Je vais aussi très-souvent jouer du violon et chanter chez madame Maret, femme du commissaire des guerres en chef, à Cologne. Elle reçoit tout ce qu'il y a de mieux ici en fait de Français, et le général y vient quelquefois.

Nous avons eu une très-belle revue favorisée par un temps magnifique. Pour le coup, les plumets et les broderies ont brillé tout à leur aise. Il y eut un moment vraiment superbe. Après l'inspection, on sonna à cheval pour la manœuvre. En un clin d'œil le régiment eut enfourché. J'étais à cinq cents pas du général. J'accourus à lui bride abattue avec les chevaux conduits derrière moi par son écuyer. Nous parcourûmes ainsi tous les rangs au galop. Puis le régiment défila devant nous en jouant la marche des Tartares de *Lodoïska*. La musique était fort

bonne, et tout cela me grisait. J'étais heureux.....
Mais tout cela donne le goût du métier et ne le
satisfait pas. Il est vrai que voilà la guerre recommencée, sinon déclarée. Ce sera, j'espère, le signal
de mon avancement. Que cette espérance ne t'effraye pas; songe qu'il y aura des remplacements à
faire dans les corps et qu'il faudra bien que mon
tour vienne. Connais-tu rien de plus risible que les
négociations de Rastadt? On se fait de grandes politesses de part et d'autre, et on se canonne avec
des protestations d'amitié. A la bonne heure!

Avec le Caulaincourt les airs importants et dédaigneux ont disparu de l'état-major. Les mots désobligeants et décourageants ont cessé d'attrister les
oreilles. Durosnel s'est emparé de la besogne. Il ne
part pas encore, Dieu merci! Quel caractère différent! Il est doux, aimable, vous parle avec plaisir,
donne des ordres avec précision, mais sans dureté.
Il n'est chef d'escadron que les jours de revue, et
non pas, comme l'autre, depuis le moment où il
se lève jusqu'à celui où il se couche. Je crois, en
vérité, que Caulaincourt s'était mis en tête de singer les manières et l'autorité de Buonaparte, dont
il parle sans cesse et dont il est fort loin assurément.
Je ne sais pas si ce ton-là serait tolérable même chez
un général en chef. Il faut du moins que l'appareil
de la puissance accompagne de grands talents, et
quoique Caulaincourt en ait, il n'en sera jamais

assez pourvu pour singer avec grâce ceux qui sont en première ligne.

Mon ami le petit officier de dragons s'appelle Maulnoir. Il est fils d'un notaire de Coulommiers, en Brie. Le refus que le Directoire a fait de l'admettre ne retombe pas directement sur le général, mais sur Augereau, qui l'avait nommé à sa recommandation, et dont toutes les nominations ont été cassées par le Directoire.

Adieu, ma bonne mère, je serai bien content que tu ailles passer quelque temps à Néris, cela te distraira. Tu pourrais aller aussi voir nos amis à Argenton et à Bourges. Ces courses te feraient grand bien. Tu as bien fait de donner congé de ton appartement de Paris. Cette économie augmentera ton bien-être à Nohant. — Ce que tu me dis de notre moisson prochaine n'est pourtant pas gai; mais, dans ma sagesse optimiste, j'ai imaginé que si le blé était plus rare, il serait plus cher, et que tu n'y perdrais rien. Il est vrai que les pauvres sur qui cela retombe te retomberont sur les bras, et que tu en nourriras plus que de coutume. Allons, je vois bien que mon optimisme est en défaut et que les bons cœurs ne vont pas à la richesse.... Voilà qu'on vient de m'appeler pour dîner. Ce sont les secrétaires du général; ils font un tel tapage que les voisins se mettent aux fenêtres. Il faut que je les rejoigne pour faire cesser le scandale. Je t'embrasse de toute mon âme.

Dis à Saint-Jean que le bruit court à l'armée que l'on va faire une levée de tous les hommes depuis quarante jusqu'à cinquante-cinq ans, et qu'alors je tâcherai de le faire entrer comme cuisinier dans le régiment, afin qu'il ne soit exposé qu'au feu de la cuisine, car je crois que celui des batteries ne lui conviendrait pas.

Ce Saint-Jean, objet fréquent des amicales railleries de mon père, était le cocher de la maison et l'époux d'*Audelan* la cuisinière. Ce vieux couple est mort chez nous, le mari quelques mois avant ma grand'mère, qui ne l'a pas su, son état de paralysie nous permettant de le lui cacher. Saint-Jean était un ivrogne fort comique. Toute sa vie il avait été atrocement poltron, et quand il était ivre surtout, il était assailli par les revenants, par *Georgeon*, le diable de la vallée noire, par la *levrette blanche*, par la *grand'bête*, par le monde fantastique des superstitions du pays. Chargé d'aller chercher les lettres à la Châtre, les jours de courrier, il prenait chaque fois, pour faire ce voyage d'une lieue, des précautions solennelles, surtout en hiver, lorsqu'il ne devait être de retour qu'aux premières heures de la nuit. Dès le matin, après s'être lesté de quelques pintes de vin du cru, il chaussait une paire de bottes qui datait au moins du temps de la Fronde, il endossait un vêtement d'une forme et d'une couleur indéfinissables, qu'il appelait sa *roquemane*, Dieu sait où il avait pêché ce nom-là! Puis il embrassait sa femme, qui lui apportait respectueusement une chaise, moyennant quoi il se hissait sur un antique et flegmatique cheval blanc, lequel en *moins de deux petites heures* (c'était son expression) le transportait à la ville. Là, il s'oubliait encore deux ou trois petites heures au cabaret, avant et après ses commissions; et enfin, à la nuit tombante, il reprenait le chemin de la maison, où il arrivait rarement sans encombre; car tantôt il rencontrait une bande de brigands qui le rouaient de coups; tantôt, voyant venir à sa rencontre une énorme boule de feu, son cheval *fougueux* l'emportait à travers champs; tantôt le diable, sous une forme quelconque, se plaçait sous le ventre de son cheval et l'empêchait d'avancer; tantôt enfin il lui sautait en croupe et prenait un tel poids que le pauvre animal était forcé de s'abattre. Parti de Nohant à neuf heures du matin, il réussissait pourtant à y rentrer vers neuf heures du soir; et, tout en dépliant lentement son portefeuille pour remettre les lettres et les journaux à ma grand'mère, il nous faisait, le plus gravement du monde, le récit de toutes ses hallucinations.

Un jour il eut une assez plaisante aventure, dont il ne se vanta pas. Perdu dans les profondes méditations que procure le vin, il revenait par une soirée sombre et brumeuse, lorsque avant d'avoir eu le temps de prendre le large, il se trouva face à face avec deux cavaliers armés qui ne pouvaient être que des brigands. Par une de ces inspirations de courage que la peur seule peut donner, il arrête son cheval, et prend le parti d'effrayer les voleurs en faisant le voleur lui-même et en s'écriant d'une voix terrible : « Halte là, messieurs, la bourse ou la vie ! »

Les cavaliers, un peu surpris de tant d'audace et se croyant environnés de bandits, tirent leurs sabres, et, prêts à faire un mauvais parti au pauvre Saint-Jean, le reconnaissent et éclatent de rire. Ils ne le quittèrent pourtant pas sans lui faire une petite semonce et le menacer, s'il recommençait, de le conduire en prison. Il avait arrêté la gendarmerie.

Il avait été dans sa jeunesse quelque chose comme sous-aide porte-foin dans les écuries de Louis XV. Il en avait conservé des idées et des manières solennelles et dignes, et un respect obstiné pour la hiérarchie. Étant devenu postillon plus tard, lorsque ma grand'mère le prit pour cocher après la révolution, une petite difficulté se présenta; c'est qu'il ne voulut jamais monter sur le siége de la voiture, ni quitter sa veste à revers rouges et à boutons d'argent. Ma grand'mère, qui ne savait contrarier personne, en passa par où il voulut, et toute sa vie il la conduisit en postillon. Comme il avait l'habitude de s'endormir à cheval, il la versa maintes fois. Enfin il la servit pendant vingt-cinq ans d'une manière intolérable, sans que jamais l'idée fort naturelle de le mettre à la porte vînt à l'esprit de cette femme incroyablement patiente et débonnaire.

Il paraît qu'il prit au sérieux les moqueries de mon père sur la prétendue levée de conscrits de cinquante ans, et qu'il n'épousa *Audelan* à cette époque que pour se soustraire aux exigences éventuelles de la république. Vingt ans plus tard, quand on lui demandait s'il avait été à l'armée, il répondait : « Non, mais j'ai bien failli y aller. » La première fois que mon père vint en congé, après Marengo et la campagne d'Italie, Saint-Jean ne le reconnut pas et prit la fuite. Mais voyant qu'il se dirigeait vers l'appartement de ma grand'mère, il courut chez Deschartres pour lui dire qu'un affreux soldat était entré *malgré lui* dans la maison, et que, pour sûr, madame allait être assassinée.

Malgré tout cela il avait du bon, et une fois, sachant ma grand'mère dépourvue d'argent et inquiète de ne pouvoir en envoyer de suite à son fils, il lui rapporta joyeusement son salaire de l'année, que, par miracle, il n'avait pas encore bu. Peut-être l'avait-il reçu la veille! mais enfin l'idée vint de lui, et pour un ivrogne, c'est une idée. Il pardonnait à mon père de mener les chevaux un peu vite; mais, sur ses vieux jours, il devint plus intolérant pour moi, et souvent, pour monter à cheval, je fus obligée d'aller seller et brider moi-même, d'autres fois d'aller au pas jusqu'au premier village pour faire remettre à ma monture un fer qu'il avait eu la malice de lui ôter pour m'empêcher de la faire courir.

Mon père lui avait fait présent d'une paire d'éperons d'argent. Il en perdit un, et pendant le reste de sa vie il se servit d'un seul éperon, refusant obstinément de remplacer l'autre. Il ne manquait jamais de dire à sa femme chaque fois qu'elle l'équipait pour le départ : « *Madame,* n'oubliez pas de m'attacher *mon éperon* d'argent. »

Tout en s'appelant *monsieur* et *madame,* ils ne passèrent pas un jour de leur douce union sans se battre, et enfin le père Saint-Jean mourut ivre, comme il avait vécu.

Voici encore quelques lettres sur la quantité.

LETTRE XXXII

Cologne, 1ᵉʳ germinal an VII (mars 99).

Je pars pour... où mon général, voulant absolument me monter, et trouvant trop de difficultés à faire venir un cheval du régiment, m'envoie au dépôt des remontes. Il me donne une lettre de recommandation pour le général Féraud, afin qu'il me fasse délivrer la meilleure bête, et je pars en diligence avec ma selle. Je reviendrai à cheval à petites journées. Mais cela dérange bien mes projets d'économie. Le général me donne, il est vrai, soixante livres d'indemnité, et, pour revenir, le gouvernement me donne le logement et le fourrage. Mais la diligence seule coûte cinquante livres, et quant aux logements de soldats, depuis le grand nombre de passages, il est immanquable d'y trouver la gale. Je vais donc emprunter cent francs au général, que je lui rendrai à mon retour, puisque mon mois m'arrivera à cette époque.

Je crois qu'à mon retour je trouverai le général faisant ses paquets, car nous devons aller à Coblentz ou à Mayence, le quartier général de Cologne étant trop éloigné de l'armée du Danube. Cela me fâchera bien de quitter Cologne, car j'y suis, comme on dit en style de régiment, en pied : c'est-à-dire que j'y suis aimé d'une femme charmante qui me rend la vie bien agréable. Elle m'a fait bienvenir de toutes ses amies, moyennant quoi c'est tantôt de la musique, tantôt des promenades, tantôt des assiettées de biscuits, tantôt des jattées de crème. On me fait bâfrer que c'est abominable; qu'un coq en pâte si bien choyé aille donc attraper la gale! Adieu ma gloire et mes plaisirs! — Et si nous allons à Mayence, adieu les ris, les jeux et les amours, à tous les diables les douceurs et les petits soins ! Mais enfin le militaire est un oiseau de passage, et j'ai beau être épris de ma chanoinesse, je sais bien que je ne suis pas le premier et que je ne serai pas le dernier. Elle a un faible pour les Français, et je ne peux pas lui en savoir mauvais gré, non plus que d'avoir tourné pendant longtemps la tête à Hoche, qui a donné une fête magnifique en son honneur en quittant Cologne. Cette fête, qui commença par la manœuvre de deux régiments et qui se termina par un bal, est une chose dont on parle encore avec admiration dans le pays. Il entre bien un peu dans le cœur humain d'être jaloux du passé, mais ma raison me dit que je dois être reconnaissant de voir une belle dame si bien fêtée avoir des bontés pour moi, simple chasseur, qui n'ai pas le moyen de lui donner le plus petit bal et la plus petite manœuvre de cavalerie. Si je n'ai pas le droit d'être jaloux du passé, je n'ai pas non plus celui d'être jaloux de l'avenir, et je me tiens à quatre pour ne pas devenir amoureux au point de perdre ma philosophie.

Tu me demandes le portrait de cette charmante femme. C'est bien facile. Ouvre ton grand volume des Antiquités d'Herculanum, dans le Voyage de Naples et Sicile. Cherche en haut de la page deux femmes dansant sur un fond de nuages. Ce n'est pas cela ; regarde au-dessous : il y a une femme qui

passe un pan de sa robe par-dessus son épaule...
ce n'est pas encore cela ; regarde à côté : il y a une
femme couronnée de joncs, qui tient d'une main
une espèce de plat ou patène, et de l'autre une ai-
guière. Eh bien, c'est la figure, la taille, la grâce
de ma chanoinesse, c'est son portrait, c'est comme
si tu la voyais.

Quant au moral, elle est malicieuse et pénétrante
à l'excès, sensible, douce, mais d'une malice ! Je
ne suis qu'un sot auprès d'elle. Quand elle veut
savoir ce que je veux qu'elle ne sache point, elle
m'enveloppe de piéges ; elle ne perd ni un geste ni
un regard, enfin elle me force de tout lui avouer.
Elle lit, je crois, dans ma pensée. Je suis pris comme
une bête ; aussi maintenant ai-je pris le parti de tout
lui raconter sans me faire interroger. J'avais un peu
fait l'agréable dans une maison ; elle me défend d'y
aller, si ce n'est les jours où elle y sera. Enfin je
n'en finirais pas si je voulais te raconter toutes ses
finesses et ses charmantes jalousies. Ce serait une
triste chose que de quitter tant de bonheur pour
aller faire le soldat en conscience dans un dépôt,
coucher à deux avec un camarade pouilleux, panser
les chevaux et s'imprégner de l'odeur du crottin et
autres douceurs du métier ! Si le général m'en parle,
je le supplierai de m'envoyer aux escadrons de
guerre, parce que là, s'il y a de la peine, il y a du
moins de l'utilité et de l'honneur, et, ma foi, de la

peine sans honneur, je n'en suis pas trop curieux. Tu me fais rire, ma bonne mère, avec ton horreur pour les vainqueurs : tu dirais volontiers :

> Je hais tous les héros, depuis le grand Cyrus
> Jusqu'à ce roi brillant qui forma Lentulus.
> On a beau me vanter leur conduite admirable,
> Je m'enfuis loin d'eux tous, et je les donne au diable.

Le général est vraiment un brave homme, humain, bienfaisant, et que j'aime malgré ses sermons un peu froids et vagues. L'autre jour, la femme d'un employé aux fourrages vint le prier d'apostiller un mémoire qu'elle avait fait pour la réintégration de son mari destitué. Le général, ne la connaissant pas, ne pouvait lui donner sa signature ; mais, comme elle paraissait être dans le besoin, il lui envoya quatre louis par Durosnel. Cette femme les accepta avec beaucoup de reconnaissance, et vint les rendre avec beaucoup de dignité huit jours après.

Encore quelque chose sur Caulaincourt. Il avait pris un tel ascendant sur le général, qu'un jour celui-ci étant venu au bureau apporter un ordre du travail de la journée et de la distribution des heures, Caulaincourt, trouvant ce papier sur la table, rentra furieux chez le général, déchira l'ordre sous ses yeux, et lui dit qu'il savait bien mener le bureau, et qu'il ne s'en mêlerait plus si le général s'en mê-

CHAPITRE DIXIÈME.

lait. C'est un peu fort! Il disait à Maulnoir qu'il ne devait pas se familiariser avec moi et se laisser appeler Maulnoir tout court par un simple chasseur. Maulnoir lui répondit que hors du service j'étais son ami et son camarade, et qu'il me savait assez de discernement pour ne pas aller lui crier Maulnoir tout court dans la plaine, lorsque nous étions en tête du régiment, lui à côté du général et moi derrière. Caulaincourt a persuadé aussi au général de faire quartier-maître un secrétaire du bureau qui portait ses billets doux et qui lui répétait tout ce que nous disions, car il est curieux comme une femme! Le général va, en effet, nommer à une belle place ce monsieur, l'espion et le messager d'amour de mons Caulaincourt. Aussi toute la journée Maulnoir, l'autre secrétaire et moi nous l'accablons de mauvais tours et de mauvaises plaisanteries. Il doit lui tarder d'être débarrassé de nous.

Adieu, ma bonne mère, je t'embrasse de toute mon âme; je pars pour ***. Là, comme partout, ton grand benêt de fils pensera à toi.

LETTRE XXXIII

8 germinal.

Je suis à ***, ma bonne mère, éprouvant une vive contrariété. Je rencontre à Bruxelles le chef d'escadron du régiment commandant la remonte. Il me dit que, d'après les ordres du général, il m'a fait choisir une bête excellente, qu'elle a été prise parmi tout ce qu'il y avait de meilleur, qu'il n'y a qu'à lui mettre la selle sur le dos et à l'emmener.

J'arrive à *** enchanté de ce préambule, d'autant plus que je n'avais pas de quoi séjourner là, mes *couronnes* s'étant trouvées diminuées de vingt sous en Brabant à cause du change. Je cours donc aux remontes, et j'y trouve le joli cheval mourant de la gourme. Le général Féraud, pour qui j'avais une lettre du général Harville, est à Paris, si bien que je ne puis avoir d'autre cheval, et qu'il me faut ramener celui-là mort ou vif, et encore attendre qu'il soit en état de marcher, car je n'ai pas de quoi m'en retourner par la diligence.

Heureusement le bonheur qui me suit partout m'a fait rencontrer ici les moyens de me désennuyer. Un jeune homme, employé à Cologne, m'avait donné une lettre de recommandation pour sa sœur, qui est mariée ici avec M. ***, et qui a avec elle une autre sœur fort jolie aussi. L'aînée est grande, belle, aimable, la cadette petite, jolie, spirituelle. Ces dames aiment passionnément la musique. On exige que j'aille y déjeuner tous les jours, puis dîner, puis passer la soirée au spectacle. Le mari m'a pris en passion, si bien que me voilà encore comme un coq en pâte. Si ma chanoinesse le savait! Et quand elle le saura! car je suis sûr qu'elle me le fera dire. Enfin ce n'est pas ma faute si l'on me bourre de friandises ; je suis bien forcé de me laisser faire, puisque je ne peux pas m'en aller.

Ma pénurie ne me rétrécit pourtant pas les idées. J'irai demain à Jemmapes pour étudier le plan de la bataille, et pouvoir en parler savamment au général Harville, qui y était. Ces plaines de Flandre sont semées de grands souvenirs militaires. Je ne suis pas loin de Fontenoy, et je tâcherai de passer jusque-là. Si mon diable de cheval pouvait marcher, en peu de jours je parcourrais et connaîtrais tous ces lieux illustres où ton père mourant battit les ennemis et sauva la France. Je n'aurais qu'à écrire au général pour lui en demander la permission, et à coup sûr il ne me la refuserait pas ; car s'il y a un pays où le nom du maréchal soit populaire et ses moindres marches connues de tout le monde, c'est ce pays-ci.

Adieu, ma bonne mère, je t'aime. Écris-moi toujours à Cologne. J'y serai le plus tôt qu'il me sera possible.

LETTRE XXXIV

Hervé, le 25 germinal an VII (avril 99).

Mon Dieu, qu'il y a longtemps, ma bonne mère, que je n'ai reçu de tes nouvelles! Cette disette est ce qui m'a le plus contrarié durant tout le temps que j'ai été forcé de passer à ***. Si je n'avais compté partir de jour en jour, je t'aurais priée de m'y adresser tes lettres. Me voilà affamé d'arriver à Cologne pour en recevoir et en dévorer trois ou quatre. Ainsi que je te l'ai dit, j'ai été forcé de séjourner à ***, ne pouvant monter ma bête malade et n'ayant pas de quoi prendre la diligence, car je ne connaissais pas un chat à qui je pusse emprunter. Il est bien vrai que j'ai vite fait connaissance intime avec quelqu'un, mais tu vas comprendre que ce quelqu'un était la dernière personne du monde à qui je pusse m'adresser honorablement.

Je t'ai dit que M. ***, à la femme duquel j'étais recommandé, m'avait pris en amitié et ne voulait plus me laisser sortir de chez lui, où j'étais comme le poisson dans l'eau. C'est un homme fort gai et fort aimable; mais, blasé sur le spectacle de Paris, il ne va point à celui de ***, et il me chargeait toujours d'y conduire sa femme et sa belle-sœur. Les habitants, peu éblouis par mon uniforme de soldat, se mirent l'esprit à la torture pour deviner comment un simple chasseur était le cavalier servant de deux merveilleuses de Paris, qui en province sont au premier rang. M. ***, qui aime à railler, leur dit que j'étais simple soldat, il est vrai, mais que je m'étais déjà couvert de gloire; que j'arrivais de la campagne d'Égypte, où j'avais été couvert de blessures; que j'étais revenu avec l'aide de camp de Buonaparte; que j'allais, de la part de ce général, trouver Masséna au Rhin, mais qu'en chemin mes blessures s'étaient rouvertes et que j'avais été forcé de m'arrêter chez lui. Mes dindons vinrent alors avec admiration me questionner sur la campagne d'Égypte; et me voilà forcé de leur débiter des histoires de l'autre monde, sans hésiter et sans rire. Je leur faisais la description des déserts de Pharan comme si j'y avais passé ma vie, et j'inventai le récit de la mort d'un cheval à moi que les crocodiles avaient dévoré sous mes yeux, récit qui eut un succès incroyable et qu'il me fallait recommencer dix fois par jour. Quand j'arrivais à l'article de mes blessures, on voulait les voir, et j'étais forcé de me retrancher derrière la présence des dames pour ne pas recommencer la scène de Mascarille; enfin il y eut un de mes auditeurs qui, touché jusqu'aux larmes, me demanda un jour la permission de m'embrasser. Il y aurait de quoi faire un vaudeville avec cela et avec le reste de mon aventure, comme tu vas voir.

Ces dames eurent plusieurs fois de grands maux d'estomac pour s'être trop retenues de rire en présence de mon auditoire. Mes gasconnades leur firent croire que j'avais beaucoup d'esprit; la musique, la jeunesse, que sais-je!... si bien que me voilà entre les deux sœurs, ne sachant à laquelle entendre, et ma chanoinesse brochant sur le tout dans mon pauvre cœur. C'était trop de résister à deux beautés présentes pour une absente. Je cédai aux beaux yeux de madame***. Elle m'avait prié de lui faire un dessin sur ses tablettes d'ivoire, ma caricature retournant à Cologne sur mon cheval malade. Je la fis en effet, traversant de mauvaise grâce un pont d'enfer; derrière moi, laissant des fleurs et des arbres, marchant vers une rive stérile et des rochers couverts de neige, quittant enfin le printemps pour retrouver l'hiver à Cologne. O ma chanoinesse! je fis ce blasphème et ce mensonge sans y songer, et si vous aviez été là pourtant, je me serais jeté à vos pieds, je vous aurais chanté:

Que tu viens à propos pour terminer ma peine!

Enfin mes maudits dessins, mes romances, mes histoires d'Égypte, mon plumet, mon dolman, précipitèrent ma perte, et, par là-dessus, M. ***, plus ami pour moi que jamais, pleura presque en voyant mon cheval sur ses jambes, et offrit de m'ouvrir sa bourse au départ, craignant que je ne fusse retardé par quelque accident en voyage et que je ne vinsse à manquer d'argent. Je le crois bien, j'en manquais déjà et ma bête se traînait à peine; mais tu comprends bien que je ne pouvais pas pousser l'*amitié* avec lui jusque-là. Je l'assurai que mes poches étaient bien garnies, et je partis avec douze francs pour faire soixante lieues sur une bête éreintée.

Eh bien, je me tirerai d'affaire, car me voilà à Hervé entre Aix et Liége, et je suis encore en fonds. Il n'y a rien de tel que d'être obligé de faire les choses pour s'apercevoir qu'on peut les faire. Le voyage est un peu rude, il est vrai; mais je ne suis ni malade, ni fatigué, ni enrhumé. Je suis très-bien monté quant à la tournure; ma bête est superbe, mais elle n'a que quatre ans, elle jette sa gourme, et c'est à grand'peine qu'elle peut faire six lieues par jour au pas : j'aimerais mieux être à pied tout à fait, car je suis obligé de la tirer par la bride dans des chemins comme ceux de Nohant à Saint-Chartier. Les routes sont impraticables, il neige, il pleut, il gèle; cette pauvre bête s'est abattue hier trois fois, et me voilà forcé de passer un jour ici pour lui donner des soins et du repos si je ne veux qu'elle expire en route. Je la donne quelquefois au diable; que n'ai-je là ma jument! mais je me console de cette triste étape en t'écrivant.

J'ai trouvé, en repassant à Bruxelles, le chef d'escadron Jacquin, celui qui m'y avait reçu, lorsque pour la première fois j'ai fait mon début à la gamelle du régiment. Il m'a retenu à déjeuner et à dîner, et m'a appris que le régiment avait beaucoup souffert dans les dernières affaires. Tu as vu que nous avions fait une reculade à notre armée d'observation. Nos avant-postes n'ont point encore remué. Ils sont à Siegbourg, Kaiserwert, Elberfeld, sur une ligne à dix lieues plus loin que le Rhin. Sur ce point-là nous sommes inattaquables, ayant toutes les redoutes du Rhin, le fort d'Ehrenbreitstein, et tant d'autres positions inexpugnables. Aussi l'empereur dirige-t-il ses attaques sur Schaffhouse et Bâle. Il ne lui serait pas difficile de pénétrer par là; mais ils ont une tactique si bête qu'ils ne sauront pas profiter de leurs avantages. Ils ne savent pas, comme nous, faire des trouées, ils ne marchent jamais que sur une grande ligne flasque.

Le quartier général de l'armée d'observation va être à présent à Cologne, ce qui rendra cette ville bien vivante. Ne sois point inquiète de moi, ma bonne mère; nous sommes les chanoines de l'armée. Adieu, je t'embrasse de toute mon âme. J'aurais bien besoin de ma bonne dans mes étapes pour me bassiner mon lit. Mais je n'aurais pas besoin des discours de Deschartres pour m'endormir. La fatigue y supplée.

LETTRE XXXV

Cologne, le 4 floréal.

Enfin, ma bonne mère, j'ai revu les murs et les remparts de Cologne. Ce n'est pas sans peine, va! Ils sont pour moi ce qu'est la terre pour le pilote après une longue et difficile navigation. J'aurais autant aimé avoir une flotte à ramener au port, que ce cheval de malheur à l'écurie. Enfin l'y voici, avec un nouvel abcès sous la ganache. Un jour de marche de plus, et il crevait dans mes bras.

Les froids et les pluies, qui n'ont pas cessé pendant toute notre route, ont ramené sa gourme, et me voilà à pied comme au départ, possédant cent francs de moins et une douleur de plus au genou. Je crois que c'est un rhumatisme, c'est comme si j'avais une jambe de bois; mais je serai bientôt remis et guéri aux bons poêles de Cologne. Parti de *** avec mes douze livres, j'ai réussi à arriver à Cologne, après soixante-trois lieues de marche, avec vingt-quatre sous dans ma poche. J'ai logé par billets de logement, tantôt passablement, tantôt *moins bien*. J'allais chercher mon fourrage dans les magasins, je le rapportais sur mes épaules, je pansais mon cheval, je le soignais comme un petit enfant; je me nourrissais à la hussarde avec du pain, du fromage et de la bière; je dormais par là-dessus du sommeil des anges, et tout cela n'était pas le diable.

Au reste, le bonheur, mon compagnon fidèle, m'a fait tomber sur quelques bons gîtes. A Saint-Trond, j'ai couché dans le lit du général Lacroix. Mes hôtes, gens riches et aimables, m'ont offert un excellent souper, que j'ai eu la philosophie d'accepter. A Aix et à Berghem, j'ai rencontré des habitants de Cologne qui m'ont fait les honneurs de leurs villes. Enfin les plus méchants grabats et les plus dures fatigues m'ont fait encore moins de peine que ne m'eût fait de plaisir l'argent de ce bon M. ***. Il me semblait que je me serais avili en l'acceptant.

Il fait ici un temps superbe; je passe subitement de l'hiver à l'été, de la misère à l'opulence, de l'écurie au salon; et, quoi que tu en dises, ma bonne mère, je ne sens pas trop l'écurie. Panser un cheval est la moindre des choses. Il ne s'agit que d'avoir un vêtement *ad hoc,* et, ma foi, si un peu de ce parfum-là s'attache à notre personne, nos belles n'ont pas trop l'air de s'en apercevoir. D'ailleurs il faudra bien qu'elles s'y accoutument. Si nous faisions campagne pour tout de bon, nous sentirions encore plus mauvais. Permets-moi de te dire, ma bonne mère, que ton idée d'augmenter ma pension pour que je puisse me procurer un domestique ne me va pas du tout. Je ne veux pas de cela, d'abord parce que tu n'es pas assez riche maintenant pour faire ce sacrifice; ensuite parce qu'un simple chasseur se faisant cirer les bottes et faire la queue par un laquais serait la risée de toute l'armée. Je t'avoue que j'ai ri à l'idée de me voir un valet de chambre dans la position où je suis; mais j'ai été encore plus attendri de ta sollicitude. Si cette idée de me voir l'étrille et la fourche en main te désespère, je te dirai, pour te rassurer, qu'il m'est très-facile, si je le veux, de faire soigner mon cheval par un palefrenier du général, pour la somme de six francs par mois.

Le général est charmant pour moi depuis mon retour. Il est vrai que Caulaincourt n'est plus là. Comme je rentrais à Cologne, monté sur ma bête, il m'a vu à travers sa fenêtre, et a frappé sur la vitre pour me faire lever la tête et m'adresser un salut amical. Je craignais qu'il ne me reprochât ma longue absence, mais il a vu l'état de ma monture et a plaint mes tribulations, en riant, comme je les lui racontais. Par exemple, je ne sais pas ce qu'il veut faire pour moi et de moi. Il a voulu me mettre au bureau, et il l'a exigé avec tant de bienveillance, que, malgré ma répugnance à ce travail, je m'y suis mis aujourd'hui, et j'ai pris, d'après son ordre, le titre de secrétaire dans un accusé de réception. Mais il va partir pour ses terres, et il a dit à Durosnel et à Maulnoir qu'il m'emmènerait, que je lui étais trop particulièrement recommandé pour qu'il ne s'occupât pas de moi, enfin qu'il m'aimait. Mais, d'un autre côté, il a dit à son domestique qu'il me laisserait à Cologne : de sorte que je ne sais rien de ses projets sur moi, qu'il n'en sait peut-être rien lui-même, et que je suis sur la branche [1].

Décidément le Berry est le pays des bons serviteurs. Je suis vraiment touché de l'amitié de ce bon Saint-Jean, qui prend sur ses gages pour te mettre à même de m'envoyer de l'argent. Le domestique du général est aussi un Berrichon. Il est de Châteauroux et s'appelle Barilier. C'est plutôt un ami qu'un serviteur. Pendant son arrestation, à propos de l'affaire Dumouriez, il lui a donné les plus grandes preuves de dévouement. Il m'aime aussi à titre de compatriote, et quand je dîne chez le général, il me bourre de mangeaille, et il me verse à boire absolument comme faisait Saint-Jean. C'est au point qu'il me griserait si je n'y faisais attention. Adieu, ma bonne mère, je te quitte pour aller dîner chez madame Maret.

---

[1] On verra plus tard que cette prétendue incertitude du général était un peu *arrangée* par mon père, qui préméditait d'aller rejoindre les escadrons de guerre et ne voulait pas être emmené par le général hors du théâtre de la lutte prochaine.

CHAPITRE DIXIÈME.

LETTRE XXXVI

Cologne, 27 floréal (avril 99).

Tu me grondes, ma bonne mère, et je ne le mérite pas. Car, à l'heure qu'il est, tu as dû recevoir les lettres que je t'ai écrites de *** et d'Hervé, sur la route de Cologne. Je maudis la poste qui te cause de telles inquiétudes. Sois donc sûre, une fois pour toutes, que ces retards ne peuvent jamais venir de mon fait, que je ne peux pas *oublier* de t'écrire, et quant au chapitre des accidents, souviens-toi que je suis *invulnérable*, qu'il ne m'arrive jamais rien, et qu'un chasseur de ma taille ne se perd pas comme un mouchoir de poche.

Le général te tient parole et me donne tant d'occupation que je ne sais à qui entendre. Je suis maintenant dans la maison comme maître Jacques. A qui le général veut-il parler? A son ordonnance, ou à son secrétaire? remplissant double emploi, et, comme M. Thibaudier, un homme au poil et à la plume. Les amis, les amies, les réponses, les courses, je n'ai pas un instant pour respirer. Le général est *enthousiasmé* de mon écriture. Il n'est vraiment pas difficile. Au reste, j'y fais de mon mieux, puisque tu veux absolument que je travaille de cette façon ; mais j'aime mieux porter les lettres que de les écrire. L'autre jour il m'a envoyé à Bonn, à six grandes lieues d'ici, porter une dépêche au général Virion. Je suis revenu le jour même. Toute la matinée, j'avais eu un temps affreux, j'étais fait comme un diable, j'avais ma carabine, ma giberne, ma sabretache crottées, et je l'étais moi-même jusqu'aux oreilles. Dans cet équipage, j'ai rencontré le général qui se promenait avec les dames du chapitre, donnant le bras à la solennelle madame Augusta. Dès qu'il m'aperçut il m'appela par un signe amical. Je m'avance vers lui au trot, je lui remets la réponse, et je m'éloigne après lui avoir présenté mon respect. Je remarquai que ces dames, me voyant le harnais sur le dos, me regardaient avec intérêt. Ma chanoinesse se trouvait là, un peu en arrière des autres, pour cacher son émotion. Je vis ses yeux devenir rouges et humides, et moi, j'oubliai ma fatigue. Quoique harassé un instant auparavant, j'aurais maintenant couru comme un lièvre et sauté comme une chèvre. Les femmes sont nées pour nous consoler de tous les maux de la terre. On ne trouve que chez elles ces soins attentifs et charmants auxquels la grâce et la sensibilité donnent tant de prix. Tu me les as fait connaître, ma bonne mère, quand j'étais près de toi, et maintenant tu répares mes folies. Oh ! si toutes les mères te ressemblaient, jamais la paix et le bonheur n'eussent abandonné les familles ! Chaque lettre de toi, chaque jour qui s'écoule, augmentent ma reconnaissance et mon amour pour toi. Oh ! non, il ne faut pas abandonner cette faible créature. Je sais bien que tu ne l'abandonneras pas. Ne justifions pas cette sentence terrible pour l'espèce humaine, que l'on fait prononcer à de jeunes oiseaux :

> Nous allons tous, tant que nous sommes,
> Par notre mère être élevés.
> Peut-être, si nous étions hommes,
> Serions-nous aux enfants trouvés.

Tes réflexions, ma bonne mère, m'ont vivement touché. J'aurais dû les faire plus tôt ! Si ta conduite en cette occasion n'eût réparé les suites imprévues de mon entraînement, j'aurais peut-être été réduit à n'en faire que de stériles et douloureuses. Professer et pratiquer la vertu, c'est ton lot et ton habitude. Adieu, ma bonne mère, ma mère excellente et chérie. On m'appelle chez le général. Je n'ai que le temps de t'embrasser de toute mon âme.

MAURICE.

Voici l'explication de la lettre qu'on vient de lire. Une jeune femme, attachée au service de la maison, venait de donner le jour à un beau garçon, qui a été plus tard le compagnon de mon enfance et l'ami de ma jeunesse. Cette jolie personne n'avait pas été victime de la séduction. Elle avait cédé, comme mon père, à l'entraînement de son âge. Ma grand'-mère l'éloigna sans reproche, pourvut à son existence, garda l'enfant et l'éleva.

Il fut mis en nourrice, sous ses yeux, chez une paysanne fort propre, qui demeure presque porte à porte avec nous. On voit, dans la suite des lettres de mon père, qu'il reçoit par sa mère des nouvelles de cet enfant, et qu'ils le désignent entre eux, à mot couvert, sous le nom de la *Petite Maison*. Ceci ne ressemble guère aux *petites maisons* des seigneurs débauchés du bon temps. Il est bien question d'une maisonnette rustique, mais il n'y a là de rendez-vous qu'entre une tendre grand'mère, une honnête nourrice villageoise et un bon gros enfant qu'on n'a pas laissé à l'hôpital et qu'on élèvera avec autant de soin qu'un fils légitime. L'entraînement d'un jour sera réparé par une sollicitude de toute la vie. Ma grand'mère avait lu et chéri Jean-Jacques : elle avait profité de ses vérités et de ses erreurs ; car c'est faire tourner le mal au profit du bien que de se servir d'un mauvais exemple pour en donner un bon.

CHAPITRE DIXIÈME.

LETTRE XXXVII

Cologne, 19 prairial an VII (juin 99).

Le général ne donne point sa démission, ma bonne mère, rassure-toi. C'est sa coutume d'aller tous les ans passer un mois ou deux dans ses terres. Il ne me perd point de vue. Il vient de me parler avec beaucoup d'affection pour me dire qu'il me fallait aller au dépôt ; que c'était nécessaire pour me former aux manœuvres de cavalerie, et que ce ne serait pas pour longtemps, puisque Beurnonville était en instance avec lui et avec Beaumont auprès du directoire pour m'obtenir un grade. Il m'a dit qu'il savait bien que tu serais contrariée de me savoir au dépôt, mais que, d'un autre côté, tu voulais que je fusse sous ses yeux, et que c'était le seul moyen, puisque le dépôt est à Thionville, et que le général va à Metz ou aux environs. Il m'avancera l'argent dont j'ai besoin pour la route. Ainsi ne t'inquiète pas, ne t'afflige pas. Je serai bien partout, pourvu que tu n'aies pas de chagrin. Songe que si tu te rends malheureuse, il faudra que je le sois, fussé-je au comble de la richesse et au sein du luxe. Tu me verras revenir, un beau jour, officier, galonné de la tête aux pieds, et c'est alors que messieurs les potentats de la Châtre te salueront jusqu'à terre. Allons, prends patience, ma bonne mère, voyage, va aux eaux, distrais-toi, tâche de t'amuser, de m'oublier quelque temps, si mon souvenir te fait du mal. Mais non, ne m'oublie pas et donne-moi du courage. J'en ai besoin aussi. J'ai des adieux à faire qui vont bien me coûter ! Elle ne sait rien encore de mon départ. Il faut que je l'annonce ce soir, et que les larmes prennent la place du bonheur. Je penserai à toi dans la douleur comme j'y ai toujours pensé dans l'ivresse. Je t'écrirai plus longuement au prochain courrier. Le général veut que j'écrive à Beurnonville avant le départ de celui-ci.

Toutes tes mesures pour la *Petite Maison* sont excellentes et charmantes. Tu ménages mon amour-propre, qui n'est pas fier, je t'assure. Je me fais bien plus de reproches pour tout cela que tu ne m'en adresses ! Tu protéges la faiblesse, tu empêches le malheur ! Que tu es bonne, ma mère, et que je t'aime !

LETTRE XXXVIII

Cologne, 26 prairial (juin 99).

Tu es triste, ma bonne mère, moi aussi je le suis, mais c'est de ta douleur ; car pour moi-même j'ai du courage, et je me suis toujours dit que l'amour ne me ferait pas oublier le devoir. Mais je n'ai pas de force contre ta souffrance. Je vois que ton existence est empoisonnée par des inquiétudes continuelles et excessives. Mon Dieu, que tu te forges de chimères effrayantes ! Ouvre donc les yeux, ma chère mère, et reconnais qu'il n'y a rien de si noir dans tout cela. Qu'y a-t-il donc ? Je pars pour Thionville, cité de l'intérieur la plus paisible du monde, emportant l'amitié et la protection du général, qui me recommande au chef d'escadron. Je ne pourrai donc sortir de là que par son ordre, et ne serai pas libre d'aller affronter ces hasards que tu redoutes tant[1]. Que ne puis-je faire de toi un hussard pendant quelque temps, afin que tu voies combien il est facile de l'être, et quel fonds d'insouciance pour soi-même est attaché à cet habit-là ! Sais-tu comment je vais quitter Cologne ? Dans les larmes ? Non : il faut rentrer cela, et s'en aller dans le tintamarre d'une fête. Quand j'ai annoncé mon départ à mes amis, tous se sont écriés : « Il faut lui faire une conduite d'honneur. Il faut nous griser avec lui à son premier gîte et nous séparer tous ivres, car de sang-froid ce serait trop dur. » En conséquence voilà qu'on équipe pour Bonn trois cabriolets, deux birouchtes et cinq chevaux de selle.

---

[1] Il la trompait, il était forcé de la tromper.

Non-seulement je serai escorté par notre tablée, mais encore par un jeune officier d'infanterie légère, Parisien charmant, et qui a reçu une excellente éducation; par Maulnoir, par les secrétaires du général, par un garde-magasin des vivres, et par un jeune adjudant de place, qui donnera une grande considération à la bande joyeuse et l'empêchera d'être arrêtée pour tout le tapage qu'elle se propose de faire. En vérité, il est doux d'être aimé, et tu vois bien que le rang et la richesse n'y font rien. L'affection ne regarde pas à cela, surtout dans la jeunesse, qui est l'âge de l'égalité véritable et de l'amitié fraternelle.

Nous sommes déjà une vingtaine, et à chaque instant mon escorte se recrute de nouveaux convives. Cette ville est le centre de réunion de tous les employés de l'aile gauche de l'armée du Danube, et parmi eux il y a une foule de jeunes gens excellents. Je suis lié avec tous; nous nageons ensemble, nous faisons des armes, nous jouons au ballon, etc. Compagnon de leurs plaisirs, ils ne veulent pas que je les quitte sans adieux solennels. Il n'est pas jusqu'à l'entrepreneur des diligences, jeune homme fort aimable, qui ne veuille être de la partie et prêter gratuitement ses cabriolets et ses birouchtes. Je serai gravement à cheval, et je crois que si Alexandre fit une glorieuse entrée dans Babylone, j'en ferai dans Bonn une plus joyeuse.

CHAPITRE DIXIÈME.

A propos de nager, j'ai traversé deux fois le fameux Rhin à la nage. Il était bien froid et bien rapide. Ainsi je l'ai affronté de toutes les manières, car il n'y a pas longtemps que je le traversais sur la glace.

Je pars après-demain. J'en suis à l'article cruel des adieux. C'est demain que je la verrai pour la dernière fois! Voilà l'instant que je redoute! Une bande d'étourdis m'attend après pour souper, afin d'y prendre des mesures pour la cavalcade du lendemain. On dira mille extravagances, on se moquera de mon air consterné, et il faudra rire pour cacher mon secret. Allons! la volonté viendra à mon aide, et le vin aidant, je m'étourdirai sur mon chagrin. Mais le tien ne pourra sortir de mon cœur, tant que tu n'auras pas fait un effort pour te consoler. Je t'écrirai en voyage. Je t'aime et je t'embrasse de toute mon âme. Bien des amitiés à Deschartres et à ma bonne.

CHAPITRE ONZIÈME

Suite des lettres. — La conduite. — Ehrenbreitstein. — Les bords du Rhin. — Thionville. — L'arrivée au dépôt. — Bienveillance des officiers. — Le fourrier professeur de belles manières. — La manœuvre. — Le premier grade. — Singulière coutume à Thionville. — Un pieux mensonge.

LETTRE XXXIX

Leuchstrat, 2 messidor an VII (juin 99).

Je suis parti de Cologne, ainsi que je te l'avais annoncé, ma bonne mère, escorté de voitures et de chevaux portant une bruyante et folâtre jeunesse. Le cortége était précédé de Maulnoir et de Leroy, aide de camp du général, et j'étais entre eux deux, giberne et carabine au dos, monté sur mon hongrois équipé à la hussarde. A notre passage, les postes se mettaient sous les armes, et quiconque voyait ces plumets au vent et ces calèches en route ne se doutait guère qu'il s'agissait de faire la conduite à un simple soldat.

CHAPITRE ONZIÈME.

Au lieu de nous rendre à Bonn, comme nous l'avions projeté, nous quittâmes la route et nous dirigeâmes vers Brull, château magnifique, ancienne résidence ordinaire de l'électeur. Ce lieu était bien plus propre à la célébration des adieux que la ville de Bonn. La bande joyeuse déjeuna et fut ensuite visiter le château. C'est une imitation de Versailles. Les appartements délabrés ont encore de beaux plafonds peints à fresque. L'escalier, très-vaste et très-clair, est soutenu par des cariatides et orné de bas-reliefs. Mais tout cela, malgré sa richesse, porte l'empreinte ineffaçable du mauvais goût allemand. Ils ne peuvent pas se défendre, en nous copiant, de nous surcharger, et s'ils ne font que nous imiter ils nous singent. J'errai longtemps dans ce palais avec l'officier de chasseurs, qui est, ainsi que moi, passionné pour les arts.

Puis nous fûmes rejoindre la société dans le parc, et, après l'avoir parcouru dans tous les sens, on proposa une partie de ballon. Nous étions sur une belle pelouse entourée d'une futaie magnifique. Il faisait un temps admirable. Chacun, habit bas, le nez en l'air, l'œil fixé sur le ballon, s'escrimait à l'envi, lorsque les préparatifs du banquet arrivèrent du fond d'une sombre allée. La partie est abandonnée, on court, on s'empresse. Les petits pâtés sont dévorés avant d'être posés sur la table. A la fin du dîner, qui fut entremêlé de folies et de tendresses, on me chargea de graver sur l'écorce du gros arbre qui avait ombragé notre festin un cor de chasse et un sabre avec mon chiffre au milieu. A peine eus-je fini, qu'ils vinrent tous mettre leurs noms autour avec cette devise : « Il emporte nos regrets. » On forma un cercle autour de l'arbre, on l'arrosa de vin, et on but à la ronde dans la forme de mon schako, qu'on intitula la coupe de l'amitié.

Comme il se faisait tard, on m'amena mon cheval, on m'embrassa avant de m'y laisser monter, on m'embrassa encore quand je fus dessus, et nous nous quittâmes les larmes aux yeux. Je m'éloignai au grand trot, et bientôt je les eus perdus de vue.

Me voilà donc seul, cheminant tristement sur la route de Bonn, perdant à la fois amis et maîtresse, aussi sombre à la fin de ma journée que j'avais été brillant au commencement. Décidément cette manière de se quitter en s'étourdissant est la plus douloureuse que je connaisse. On n'y fait point provision de courage, on chasse la réflexion, qui vous en donnerait. On s'assied pour un banquet, image d'une association éternelle, et tout à coup on se trouve seul et consterné comme au sortir d'un rêve....

En arrivant à Bonn, je trouvai un jeune homme, secrétaire d'un commissaire des guerres, que j'avais connu à Cologne. Il me mena promener le lendemain à Popeldorf, autre château de l'électeur, et aux eaux de Gottesberg. C'est un paradis terrestre.

CHAPITRE ONZIÈME.

De retour à Bonn, nous visitâmes le palais que l'électeur a bâti dans cette jolie petite ville. Les jardins sont délicieux : des eaux limpides, des allées d'orangers, d'où l'on découvre le Rhin et les montagnes dont il baigne le pied. Ces beaux aspects ne me consolèrent pas, mais ils adoucirent l'amertume de mes pensées. Le lendemain, pour me rendre à Coblentz, je côtoyai le Rhin, bordé dans toute cette partie de rochers menaçants et de montagnes coupées à pic. Plusieurs jolies îles sortent du sein des eaux comme des bouquets. La route est variée et offre des tableaux imprévus à chaque pas. Ici un monastère, là un village, puis des troupeaux, des flottes de gros bateaux à voiles, plus loin des retranchements et des redoutes.

Arrivé à Coblentz, j'errais au hasard dans les rues, lorsque je rencontrai le frère du commissaire des guerres chargé du service d'Ehrenbreitstein. Belle occasion pour voir cette fameuse forteresse dont on parle tant aujourd'hui. Nous renouvelâmes connaissance, il m'emmena dîner chez lui, et au coucher du soleil nous montâmes au fort. Figure-toi, ma bonne mère, Pélion entassé sur Ossa, l'ouvrage des Titans, en un mot. D'énormes rochers couverts de bastions hérissés de deux cents bouches à feu; des magasins de bombes et de boulets, des quartiers de pierre placés à toutes les pentes, et destinés à écraser les assaillants. Sur le plateau du rocher est une cour entourée de huit rangées de remparts d'où l'on découvre Coblentz à vol d'oiseau, et le Rhin comme un ruban qui entoure le rocher. Jamais cette place n'avait changé de maître. Nous sommes les premiers qui nous en soyons emparés. Je me suis détourné de quatre lieues pour la voir, et je n'y ai pas regret.

Tu es étonnée de la quantité de gens qui me connaissent; ma foi, je le fus aussi hier soir. En traversant une de ces gorges de Hunsruck où l'on descend comme dans des précipices, il faisait presque nuit : l'épaisseur de la forêt augmentait l'obscurité, lorsque, passant à côté d'une birouchte, je m'entendis appeler. Je me retourne et je vois, à côté d'une jeune femme, un officier que j'avais rencontré plusieurs fois au bal à Cologne. Nous voilà d'entrer en conversation et d'admirer le hasard qui nous fait faire connaissance au milieu des bals, pour nous réunir ensuite dans ce séjour épouvantable, car tous les enfers de l'Opéra ne sont rien en comparaison de ces gorges. Ce ne sont que forêts à pic, noirs torrents ou plaines arides. Enfin, après nous être souhaité mutuellement un bon voyage, nous nous séparâmes, et j'arrivai fort tard à un ramassis de chaumières appelé Kaiserlich. Oh! c'est bien là, ma chère mère, que je t'ai bénie encore de m'avoir fait apprendre l'allemand! Je frappe à toutes les portes. Les habitants mettent le nez à leurs lucarnes; mais, à la vue de mon uniforme, ils se renferment et se barricadent en toute hâte. Ils ne nous logent que quand ils ne peuvent faire autrement, et ont peur de nous comme du diable. Quant à moi, j'aurais autant aimé coucher en plein air que dans ces baraques. Mais mon pauvre cheval, qui n'est pas encore parfaitement remis de sa maladie, était à moitié mort de faim et de fatigue. J'imaginai donc de me faire passer pour un hulan, et, gagnant l'autre extrémité du village, j'y annonce l'arrivée des troupes impériales. Je forge des noms allemands, je parle de M. le colonel baron de Stromberg, du prince je ne sais plus qui, et un bon paysan m'ouvre sa porte et nous reçoit, mon cheval et moi, avec beaucoup de respect. Il se sera détrompé ensuite si bon lui semble, c'est son affaire. Je suis parti à la pointe du jour. Je t'écris de Leuchstrat, je serai demain à Trèves. Je verrai dans peu le général Harville. Il doit venir à Thionville passer sa revue. Il m'a fait les adieux les plus aimables, m'a indiqué où je devais lui écrire, et m'a promis d'écrire pour moi au quartier-maître et au commandant du dépôt. Adieu, ma bonne mère, je t'embrasse, et je me remets en route.

LETTRE XL

Thionville, 14 messidor an VII (juillet 99).

Bah! ma bonne mère, cesse donc, une fois pour toutes, de t'alarmer, car me voilà heureux, ici comme partout; les choses s'arrangent toujours à souhait pour moi. En entrant dans la ville, je commence par tomber dans la boutique d'un perruquier, mon cheval à la porte, moi dans l'intérieur. Comme à l'ordinaire, je ne me fais pas le moindre mal. Je me ramasse plus vite que mon cheval. Je regarde cet événement comme d'un bon augure, et je remonte sur ma bête, qui n'avait pas de mal non plus.

J'arrive au quartier. Je vais trouver le quartier-maître Boursier, qui me reçoit et m'embrasse avec sa gaieté et sa franchise ordinaires. Il me dit que les lettres du général ne sont pas encore arrivées, mais que je suis bien bon pour me présenter et me recommander moi-même, et il me mène chez le commandant du dépôt, nommé Dupré. C'est un officier de l'ancien régime, qui ressemble à notre ami M. de la Dominière. Je lui dis qui je suis, d'où je viens. Il m'embrasse aussi! il m'invite à souper, il m'autorise à ne point aller coucher au quartier, et me dit qu'il espère que je vivrai avec les officiers. En effet, je dîne tous les jours avec lui et avec eux, à une table qui nous coûte trente-six francs par mois. Mon logement m'en coûte quinze; ce n'est pas cher et j'y suis très-bien. A mon grade près, je suis comme un officier. Ils sont tous très-aimables, et celui qui commande la manœuvre est très-bon pour moi; j'ai manœuvré hier pour la première fois, et il m'a fait beaucoup de compliments. Je ne m'étais jamais trouvé au centre d'un escadron, et je t'assure que ce n'est pas tendre. J'étais au premier rang, et lorsqu'on se forme en avant, en bataille, les deux ailes se rapprochant, vous êtes pressé de droite et de gauche de la force de cinquante chevaux. Nous recommençons demain. Les os et les muscles se font à cela, et je suis bien aise de m'y faire tout de suite.

Je passe mes journées chez le quartier-maître, et je t'écris de son bureau. Nous avons à notre table un autre jeune homme de la consrciption, simple chasseur comme moi. Il est d'une des premières familles de Liége et joue du violon comme Guénin ou Maëstrino. En outre, il est aimable et spirituel, et le commandant l'aime beaucoup, car il joue lui-même de la flûte, adore la musique, et fait grand cas des talents et de la bonne éducation. Voilà, je crois, la distinction qui survivra toujours à la chute des priviléges justement abolis; et l'égalité rêvée par nos philosophes ne sera possible que lorsque tous les hommes auront reçu une culture qui pourra les rendre agréables et sociables les uns pour les autres. Tu t'effrayais de me voir soldat, pensant que je serais forcé de vivre avec des gens grossiers. D'abord, figure-toi qu'il n'y a pas tant de gens grossiers qu'on le pense, que c'est une affaire de tempérament, et que l'éducation ne la détruit pas toujours chez ceux qui sont nés rudes et désobligeants. Je pense même que le vernis de la politesse donne à ces caractères-là les moyens d'être encore plus blessants que ne le sont ceux qui ont pour excuse l'absence totale d'éducation. Ainsi j'aimerais mieux vivre avec certains conscrits sortant de la charrue qu'avec M. de Caulaincourt, et je préfère beaucoup le ton de nos paysans du Berry à celui de certains grands barons allemands. La sottise est partout choquante, et la bonhomie, au contraire, se fait tout pardonner. Je conviens que je ne saurais me plaire longtemps avec les gens sans culture; l'absence d'idées chez les autres provoque chez moi, je le sens, un besoin d'idées qui me ferait faire une maladie. Sous ce rapport, tu m'as gâté, et si je n'avais eu la ressource de la musique qui me jette dans une ivresse à tout oublier, il y a certaines sociétés inévitables où je périrais d'ennui. Mais, pour en revenir à ton chagrin, tu vois qu'il n'est pas fondé, et que partout où je me trouve je rencontre des personnes aimables qui me font fête et qui vivent avec ton soldat sur le pied de l'égalité. Le titre de petit-fils du maréchal de Saxe, dont j'évite de me prévaloir, mais sous lequel je suis annoncé et recommandé partout, est certainement en ma faveur et m'ouvre le chemin : mais il m'impose aussi une responsabilité, et si j'étais un malotru ou un impertinent, ma naissance, loin de me sauver, me condamnerait et me ferait haïr davantage. C'est donc par nous-mêmes que nous valons quelque chose, ou, pour mieux dire, par les principes que l'éducation nous a donnés; et si je vaux quelque chose, si j'inspire quelque sympathie, c'est parce que tu t'es donné beaucoup de peine, ma bonne mère, pour que je fusse digne de toi.

Ajoute à cela mon étoile qui me pousse parmi les gens aimables, car le régiment de Schomberg-dragons, qui est maintenant ici, ne ressemble en rien au nôtre. Les officiers y ont beaucoup de morgue et tiennent à distance les jeunes gens sans grade, quelque bien élevés qu'ils soient. Chez nous, c'est tout le contraire, nos officiers sont compères et compagnons avec nous quand nous leur plaisons. Ils nous prennent sous le bras et viennent boire de la bière avec nous ; et nous n'en sommes que plus soumis et plus respectueux quand ils sont dans leurs fonctions et nous dans les nôtres.

Du reste, il y a un des officiers de Schomberg-dragons auquel le général m'a particulièrement recommandé et qui fait exception. C'est M. Favet, quartier-maître. Le général m'a dit de le regarder comme un autre lui-même et de lui demander de m'avancer de l'argent quand j'en aurais besoin. Ce M. Favet, n'ayant pas encore reçu la lettre du général, m'a accueilli au mieux sur parole, m'a présenté à sa femme, qui est charmante, et m'a mené à la campagne chez son père.

Je ne sais qui diable a pu me donner ici la réputation d'être riche : ce matin mon hôte voulait m'emprunter dix louis, et M. Dupré voulait me vendre un cheval. Le fait est que je ne possède pourtant qu'un seul louis. Je suis arrivé avec deux, et le premier est déjà passé dans l'estomac de mon fourrier et de mon maréchal des logis, car il était indispensable de faire connaissance avec eux par un régal splendide. Aussi m'aiment-ils jusqu'à l'adoration, ce qui m'est fort commode. Ils ont ouï dire que j'étais protégé par le général, et ils me demandent ma protection auprès de lui. Ils m'apportent leurs états de service, et j'ai beau leur dire que je voudrais bien avoir de l'avancement pour moi-même, ils s'obstinent à croire que je peux leur en faire obtenir et que je ne suis soldat que pour mon plaisir particulier.

Mon brigadier et mon maréchal des logis sont pour moi aux petits soins et me choient comme si j'étais leur supérieur ; ce qui est tout le contraire.

CHAPITRE ONZIÈME.

Ils ont le droit de me commander et de me mettre à la salle de police, et pourtant ce sont eux qui me servent comme s'ils étaient mes palefreniers. A la manœuvre, j'ai toujours le meilleur cheval, je le trouve tout sellé, tout bridé, tenu en main par ces braves gens, qui, pour un peu, me tiendraient l'étrier. Quand la manœuvre est finie, ils m'ôtent mon cheval des mains et ne veulent plus que je m'en occupe. Avec cela ils sont si drôles que je ris avec eux comme un bossu. Mon fourrier surtout est un homme à principes d'éducation, et il fait le Deschartres avec ses conscrits; ce sont de bons petits paysans qu'il veut absolument former aux belles manières. Il ne leur permet pas de jouer au palet avec des pierres, parce que cela *sent trop le village*. Il s'occupe aussi de leur langage. Hier il en vint un pour lui annoncer *que les chevaux étiont tretous sellés*. Comment! lui dit-il d'un air indigné, ne vous ai-je pas dit cent fois qu'il ne fallait pas dire *tretous?* On dit tout simplement : « *Mon fourrier, v'là qu' c'est prêt. Au reste, je m'y en vas moi-même.* » Et le voilà parti après cette belle leçon.

Je voudrais bien que tu fusses en route par ce beau temps. Il fait ici une chaleur étouffante, mais je ne m'en plains pas. J'ai eu si froid cet hiver qu'il me semble que je ne suis pas encore bien dégelé. Sur quoi le père Deschartres aura-t-il monté pour faire le voyage de Néris? Je ne pense pas qu'il ait choisi un âne? Parle-moi bien de Nohant, ma bonne mère. Tout ce qui ne m'y intéressait pas quand j'y étais a du prix maintenant, puisque tu t'en occupes et y trouves du plaisir. Je t'embrasse de toute mon âme.

LETTRE XLI

Thionville, 16 messidor (juillet 99).

Me voilà lancé dans le monde de Thionville, comme je l'étais à Cologne, ma bonne mère. Hardy, le jeune conscrit virtuose dont je t'ai parlé dans ma dernière lettre, a fait son début avec moi dans un concert que notre commandant a organisé pour chaque semaine, et qui a lieu chez un capitaine du génie, marié et domicilié dans la ville. Nous avons été couverts d'applaudissements. Le commandant nous a présentés dans une autre maison, où nous avons fait une collation exorbitante. Il y avait de très-jolies femmes, et on a joué aux petits jeux. Le commandant, qui est plein d'esprit et de malice sous un air grave et froid, y a dit les choses les plus drôles, et, me prenant à partie, après que je lui eus tenu tête assez plaisamment, il m'en adressa de si flatteuses et de si amicales que j'en fus vraiment touché. Le général a écrit pour dire qu'on me nommât brigadier s'il y avait un poste vacant, et en effet il s'en trouve un, celui qui l'occupait étant réformé pour infirmités. J'attends donc ma nomination au premier jour, et en l'attendant, je me mets au plus vite au fait de la théorie des détails et je vais tous les matins à la manœuvre. Le commandant a ordonné qu'on me mît sur le flanc à la place du brigadier, afin de m'habituer à être pivot et aile marchante. Ce n'est pas difficile, et l'exercice que tu m'as fait apprendre dans mon enfance me sert beaucoup pour manier ma carabine à cheval avec facilité. Mon fourrier, que j'empiffre assez régulièrement, m'aime à la folie. Il m'appelle *mon chasseur,* comme il dirait *mon général,* et à l'escadron il prend soin de m'avertir tout bas de ce que j'ai à faire. Enfin je vais être bientôt au courant de mes fonctions, et je porterai mes galons sur la manche. C'est à Beurnonville que je dois mon avancement; car le général Harville, excellent homme d'ailleurs, ne sait se décider à rien s'il n'est excité à chaque instant. Beurnonville lui avait même écrit de me faire maréchal des logis, mais il paraît que cela n'était pas possible. Il m'a écrit une lettre charmante, à laquelle je vais répondre aujourd'hui. C'est pourquoi je te quitte, ma bonne mère, en t'embrassant de toute mon âme.

LETTRE XLII

Thionville, 20 messidor an VII (juillet 99).

Si j'avais su lire, dit Montauciel, il y a dix ans que je serais brigadier. Moi qui sais lire et écrire, me voilà, ma bonne mère, exerçant mes fonctions après avoir été promu à ce grade éclatant par les ordres du général, et à la tête de ma compagnie, qui, alignée et le sabre en main, a reçu injonction de m'obéir *en tout ce que je lui commanderais*. Depuis ce jour fameux je porte deux galons en chevrons sur les manches. Je suis chef d'escouade, c'est-à-dire de vingt-quatre hommes, et inspecteur *général* de leur tenue et de leur coiffure. En revanche, je n'ai plus un moment à moi. Depuis six heures du matin jusqu'à neuf heures du soir je n'ai pas le temps d'éternuer. A six heures le pansement jusqu'à sept heures et demie. A huit heures la manœuvre jusqu'à onze heures et demie. A midi l'on dîne. A deux heures on enseigne aux conscrits à seller et à brider. A trois heures le pansement jusqu'à quatre heures et demie. A cinq heures la manœuvre à pied jusqu'à sept heures et demie. A huit heures on soupe. A neuf heures le dernier appel. A dix heures on se couche très-fatigué, et le lendemain on recommence. Par-dessus le marché, je suis de décade, c'est-à-dire qu'il me faut aller au magasin dès quatre heures du matin pour faire distribuer l'avoine aux chevaux et le pain aux hommes. Enfin, depuis neuf jours que j'ai l'honneur d'être brigadier, je n'ai pas eu un seul instant pour t'écrire. Heureusement voilà ma décade qui finit, et je ne serai plus si écrasé. J'ai été à Metz à la tête de six chasseurs conduire des conscrits qui s'étaient cachés pour se soustraire à leur sort. Je m'applaudissais d'avoir donné tête baissée dans le mien et d'être sur un bon cheval, donnant des ordres au lieu de me faire traîner par les oreilles. Mais ces pauvres diables à pied, dans la poussière, par une chaleur affreuse, me faisaient peine. Nous les conduisions devant nous comme un troupeau de moutons, et ils étaient si tristes! Je leur ai rendu le trajet le moins dur possible, en les menant au petit pas et en les laissant s'arrêter quand ils étaient fatigués.

Je ne te dirai rien de Metz; les fortifications sont superbes, tu les connais. Mais ce que tu ne connais pas, c'est l'*amour* que les habitants ont pour nous. Mes chasseurs étaient logés dans une grande et belle maison. Pendant qu'ils mangeaient leur pain et leur viande du magasin, ils demandèrent à boire. On leur apporta un seau d'eau au milieu de la chambre, et on ne voulut pas leur donner un vase quelconque pour y puiser. C'était les traiter comme des animaux. Le plus ancien des chasseurs prit le seau et le jeta au nez du cuisinier de la maison, qui l'avait apporté et qui n'en perdit pas une goutte. J'arrivai au milieu du tapage. Le cuisinier vociférait et me porta sa plainte, mais, les deux parties entendues, je lui donnai tort pour sa grossièreté et l'engageai à garder son eau ou à changer de vêtements.

Il paraît que le général se compromettrait en me donnant un plus rapide avancement, et malgré les instances de Beurnonville, il a eu bien de la peine à se décider à me faire nommer brigadier. Il a écrit au commandant Dupré de lui en faire la demande, et il m'écrit à moi que c'est sur cette demande qu'il m'a nommé. Qu'il veuille faire croire aux autres que ce n'est pas lui qui m'avance, à la bonne heure; mais qu'il veuille me le persuader à moi-même, quand je tiens la lettre de Beurnonville qui me l'annonce, c'est un peu fort. N'importe, je suis brigadier. Mais tu vois que ce n'est pas encore si facile de faire le premier pas. La trompette sonne, adieu bien vite, ma bonne mère. Ici on n'attend personne.

CHAPITRE ONZIÈME.

LETTRE XLIII

Thionville, 25 thermidor (août 99).

Je crois, ma bonne mère, que je ne t'ai rien dit de la chétive ville de Thionville. Les fortifications sont très-belles et très-savantes. L'intérieur de la ville est assez bien bâti : mais c'est d'un petit ! On fait le tour des remparts en sept minutes. La société s'assemble tous les dimanches chez un M. Guiot, parent du commandant. C'est ce qu'on appelle ici, comme à la Châtre, la première société. On y voit quatre ou cinq femmes assez jolies, force vieilles bavardes, trois ou quatre vieux débiteurs de nouvelles, et deux jeunes gens à tournure provinciale, qui, depuis le jour de leur naissance, ne sont pas sortis des murs de leur cité. Je leur conte des bêtises et des extravagances qu'ils avalent de tout leur cœur.

Il y a ici une coutume fort bizarre. Lorsqu'il meurt dans une famille un garçon ou une fille au-dessous de seize ans, comme partout ailleurs on l'enterre ; mais ici c'est en riant. Puis on assemble tous les amis et parents, on leur donne un grand dîner où l'on boit tant qu'on peut. C'est bien comme cela chez nos paysans du Berry, mais ce repas après l'enterrement s'explique par la nécessité de faire manger ceux qui viennent de loin, et a quelque chose de patriarcal. Ici la coutume a quelque chose de sauvage ; on est gai, il faut l'être, et après le repas on danse toute la nuit ; je ne l'aurais pas cru si je ne l'avais vu de mes deux yeux hier. C'était dans la famille d'un cordonnier. Il y a eu bal et autant de bruit et de gaieté que pour une noce.

Les officiers de la garnison ont donné dernièrement un bal fort joli auquel j'ai été invité par écrit. Comme j'y ai fait quelques entrechats et gambades, je passe ici pour un Vestris, et j'ai donné du pied apparemment dans l'œil d'une très-jolie dame que je lorgnais déjà depuis quelque temps et qui ne faisait point attention à moi. J'ai ouvert auprès d'elle la tranchée durant ce bal, à la faveur de l'estime que mes rigodons m'avaient acquise. Malheureusement je n'ai pas un instant de loisir pour faire l'agréable, je suis toujours après mes chevaux et mes soldats. Le peu de liberté qui me reste, je l'emploie à étudier la théorie des manœuvres et à apprendre les commandements, afin de ne pas faire de bévues quand j'ai un peloton à commander. Penser à autre chose ne vaudrait pas le diable, et, par nature, je ne suis que trop distrait. L'autre jour, par exemple, on me dit d'aller me placer à la droite de l'escadron, je ne sais quel diable j'avais dans l'esprit, je vais

CHAPITRE ONZIÈME.

directement me placer à la gauche. Heureusement l'officier était occupé de son côté, ou distrait pour son compte, je m'aperçus avant lui de ma sottise, et j'eus le temps de la réparer.

Mon grade de brigadier m'exempte de panser mon cheval, mais je n'y gagne rien pour mes loisirs, car il faut plus de temps pour faire exécuter les ordres des officiers et veiller à ce que les choses soient faites en conscience que si on les faisait soi-même. Je suis émerveillé de la peine que l'homme a à apprendre les choses les plus simples. Il me semble pourtant qu'on devrait se faire vite à celles qu'on est forcé d'apprendre. La discipline est très-sévère, et malgré la douceur de nos officiers, la subordination est parfaite. L'esprit de corps est excellent. On déteste les bavards et les faiseurs de motions. Le service se fait avec obéissance, promptitude et respect. Sous les armes, nous sommes maintenant comme des Prussiens. A propos des Prussiens, sais-tu qu'il n'y a pas de caporal *Schlag* qui ait une plus belle queue que la mienne? J'en ai porté longtemps une fausse, attachée avec de fausses nattes; mais mes cheveux ont repoussé, et aujourd'hui ma queue m'appartient. Je porte toujours les cheveux coupés par-dessus l'oreille, poudrés à blanc, la queue à deux pouces de la tête; agrafé, boutonné comme un porte-manteau, et la canne à la main, c'est un des attributs et avantages de ma charge. Qui m'eût dit, il y a un an, que je serais un caporal *Schlag?* Il y a un an j'étais près de toi, ma bonne mère, il y a presque un an que nous sommes séparés! A cette époque je chantais ton nom, je faisais des vers et des vœux pour ta fête. Je les ferai tous les jours de ma vie, ces vœux pour ton bonheur, et je les réaliserai en revenant près de toi plus digne de ta tendresse que je ne l'étais quand je me laissais gâter comme un grand enfant. Notre séparation est douloureuse, mais je me devais à moi-même de faire quelques efforts pour sortir de cette vie de délices où mon insouciance et un peu de paresse naturelle m'auraient rendu égoïste. Tu m'aimais tant que tu ne t'en serais peut-être pas aperçue. Tu aurais cru, en me voyant accepter le bonheur que tu me donnais, que ton bonheur à toi était mon ouvrage, et j'aurais été ingrat sans m'en douter et sans m'en apercevoir. Il a fallu que je fusse arraché à ma nullité par des circonstances extérieures et impérieuses. Il y a eu dans tout cela un peu de la destinée. Cette fatalité qui brise les âmes faibles et craintives, est le salut de ceux qui l'acceptent. Christine de Suède avait pris pour devise : *Fata viam inveniunt.* « *Les destins guident ma route.* » Moi j'aime encore mieux l'oracle de Rabelais : *Ducunt volentem fata, nolentem trahunt.* « *Les destins conduisent ceux qui veulent, et traînent ceux qui résistent.* » Tu verras que cette carrière est la mienne. Dans une révolution, ce sont les sabres qui tranchent les difficultés, et nous voilà aux prises avec l'ennemi pour défendre les conquêtes philosophiques ; nos sabres auront raison. Voltaire et Rousseau, tes amis, ma bonne mère, ont besoin maintenant de nos lames ; qui eût dit à mon père, lorsqu'il causait avec Jean-Jacques, qu'il aurait un jour un fils qui ne serait ni fermier général, ni receveur des finances, ni riche, ni bel esprit, ni même très-philosophe, mais qui, de gré autant que de force, serait soldat d'une république, et que cette république serait la France ? C'est ainsi que les idées deviennent des faits et mènent plus loin qu'on ne pense.

Adieu, ma bonne mère ; sur ces belles réflexions, je m'en vais faire donner l'avoine et enlever ce qui en résulte.

LETTRE XLIV

Thionville, le 13 fructidor an VII (septembre 99).

Toujours à Thionville, ma bonne mère ; depuis quatre heures du matin jusqu'à huit heures du soir dans les exercices à pied et à cheval, et figurant comme serre-file dans les uns et dans les autres, en ma qualité de brigadier. Je rentre, le soir, excédé, n'ayant pu donner un seul instant *aux muses, aux jeux et aux ris*. Je manque les plus jolies parties, je néglige les plus jolies femmes, je ne fais même presque plus de musique. Je suis brigadier à la lettre, je me plonge dans la tactique, et je suis pétrifié de me voir devenu un modèle d'exactitude et d'activité. Et le plus drôle de l'affaire, c'est que j'y prends goût et ne regrette rien de ma vie facile et libre. J'ai l'espoir, d'après les promesses de Beurnonville, de passer bientôt maréchal des logis. C'est pour le coup que je serai décidément *M. J'ordonne*. Il est impossible d'être plus aimable que Beurnonville. Il m'a écrit deux fois depuis que je suis ici, il a écrit pour moi au chef de brigade et au commandant Dupré. Il ne se fait pas faire de demandes par les autres pour m'avancer, et ne craint pas de se compromettre, lui. Je ne doute pas que le général Harville ne me veuille du bien, mais c'est un paralytique quand il s'agit de se mettre en avant pour quoi que ce soit. Je ne sais si la terreur et les prisons ont fait sur lui une impression fâcheuse, mais on dirait qu'en toute occasion il veut se faire oublier du gouvernement et passer inaperçu. J'ai appris aujourd'hui que mon régiment n'était plus sous son inspection. Il établira son quartier général à Strasbourg. Dans ce moment il doit être à Paris, et je ne sais plus trop où lui écrire. Tes lettres, à toi, lui ont tourné la tête, et il m'a pris dans un tel amour, que s'il avait pu me mettre dans

CHAPITRE ONZIÈME.

un bocal pour me conserver, il n'y aurait pas manqué. Mais il ne devrait pas pousser sa sollicitude jusqu'à m'empêcher de poursuivre ma carrière. Que tu es bonne de t'occuper ainsi de la Petite Maison ! Ah ! si toutes les mères te ressemblaient, un fils ingrat serait un monstre imaginaire !

J'ai reçu l'argent, j'ai payé toutes mes dépenses. Je suis au niveau de mes affaires, c'est-à-dire que je suis sans le sou, mais je ne dois plus rien à personne. Ne m'en envoie pas avant la fin du mois. J'ai de tout à crédit ici, et je ne manque de rien. Adieu, ma bonne mère, je t'aime de toute mon âme, je t'embrasse comme je t'aime. Mes amitiés à père Deschartres et à ma bonne.

———

La lettre qu'on vient de lire et qui porte la date de Thionville fut écrite de Colmar. Cette date est un pieux mensonge que va expliquer la lettre suivante. Le mouvement d'humeur contre le général d'Harville sera expliqué aussi. Si le lecteur s'intéresse à cette correspondance, je ne veux pas gâter sa surprise en racontant ce qui se passa dans l'esprit du jeune brigadier durant cette quinzaine.

CHAPITRE DOUZIÈME

Suite des lettres. — Entrée en campagne. — Le premier coup de canon. — Passage de la Linth. — Le champ de bataille. — Une bonne action. — Glaris. — Rencontre avec M. de la Tour d'Auvergne sur le lac de Constance. — Ordener. — Lettre de ma grand'mère à son fils. — La vallée du Rhinthal.

LETTRE XLV

Weinfelden, canton de Thurgovie, le 20 vendémiaire an VIII (octobre 1799).

Une moisson de lauriers, de la gloire, des victoires, les Russes battus, chassés de la Suisse dans l'espace de vingt jours ; nos troupes prêtes à rentrer en Italie ; les Autrichiens repoussés de l'autre côté du Rhin, voilà sans doute de grandes nouvelles et d'heureux exploits !... Eh bien, ma bonne mère, ton fils a la satisfaction d'avoir pris sa part de cette gloire-là, et, dans l'espace de quinze jours, il s'est trouvé à trois batailles décisives. Il se porte à merveille. Il boit, il rit, il chante. Il saute de trois pieds de haut en songeant à la joie qu'il aura de t'embrasser au mois de janvier prochain, et de déposer à Nohant, dans ta chambre, à tes pieds, la petite branche de laurier qu'il aura pu mériter.

Je te vois étonnée, confondue de ce langage, me faire cent questions, me demander mille éclaircissements : comment je suis en Suisse, pourquoi j'ai quitté Thionville : je vais répondre à tout cela, et te déduire les circonstances et les raisonnements qui ont dirigé ma conduite. La crainte de t'inquiéter inutilement m'a empêché de te tenir au courant.

Je suis militaire, je veux suivre cette carrière. Mon étoile, mon nom, la manière dont je me suis présenté, mon honneur et le tien, tout exige que je me conduise bien et que je mérite les protections qui me sont accordées. Tu veux surtout que je ne reste pas confondu dans la foule et que je devienne officier. Eh bien, ma bonne mère, il est aussi impossible maintenant dans l'armée française de devenir officier sans avoir fait la guerre, qu'il l'eût été au quinzième siècle de faire un Turc évêque sans l'avoir fait baptiser. C'est une certitude dont il faut absolument que tu te pénètres. Un homme, quel qu'il fût, arrivant comme officier dans un corps quelconque sans avoir vu le feu des batteries serait le jouet et la risée, sinon de ses camarades, qui sauraient apprécier d'ailleurs ses talents, mais de ses propres soldats, qui, incapables de juger le talent, n'ont d'estime et de respect que pour le courage physique. Frappé de ces deux certitudes, la nécessité d'avoir fait la guerre pour être fait officier, d'une part; la nécessité d'avoir fait la guerre pour être officier avec honneur, d'autre part, je m'étais dit dès le principe : Il faut entrer en campagne le plus tôt possible. Crois-tu donc que j'aie quitté Nohant avec le projet de passer ma vie à faire l'aimable dans les garnisons et le nécessaire dans les dépôts? Non certes, j'ai toujours rêvé la guerre, et si je t'ai fait là-dessus quelques mensonges, pardonne-les-moi, ma bonne mère, c'est toi qui m'y condamnais par tes tendres frayeurs.

Avant que le général me parlât de le quitter, et dès la reprise des hostilités, j'avais été lui demander de rejoindre les escadrons de guerre. Il reçut cette proposition avec plaisir d'abord. Puis, attendri par tes lettres, il craignit de te déplaire en prenant sur lui la responsabilité de mon destin. Il me fit donc revenir pour me dire d'aller au dépôt, parce que tu ne voulais pas que je fisse la guerre, et comme je lui observai que toutes les mères étaient plus ou moins comme toi, et que la seule désobéissance permise, et même commandée à un homme, était celle-là, il convint que j'avais raison. Allez au dépôt, me dit-il, là vous pourrez partir avec le premier détachement destiné aux escadrons de guerre, et madame votre mère n'aura pas de reproches à m'adresser, vous aurez agi de votre propre mouvement.

CHAPITRE DOUZIÈME.

J'arrive à Thionville, et mon premier soin est de m'informer si bientôt il ne partira pas un détachement. Je ne pouvais cacher ma vive impatience de rejoindre le régiment. J'attends un mois avec anxiété. Enfin on forme un détachement, j'en fais partie, je manœuvre tous les jours avec lui, je parle guerre avec les plus anciens chasseurs, ils voient combien je désire partager leurs fatigues, leurs travaux et leur gloire. C'est là, ma bonne mère, le secret de leur amitié pour moi, bien plus que les *bienvenues* que je leur avais payées. Enfin le jour du départ était fixé. Il n'y avait plus que huit jours à attendre. Je t'écrivais des balivernes, mais pouvais-tu croire que je me serais passionné pour le pansage et le fourniment, si je n'avais pas eu l'idée de faire la campagne?

Au moment où je m'y attendais le moins, je reçois du général une lettre où il me dit en termes fort aimables à la vérité, mais très-précis, qu'il *veut* que je reste au dépôt jusqu'à nouvel ordre. Regarde le mauvais personnage qu'il me faisait jouer! Comment donc aller expliquer et persuader à tout le régiment que si je ne pars pas, ce n'est pas ma faute? J'étais au désespoir. Je montrais cette lettre funeste à tous mes amis; les officiers voyaient bien mon esclavage et ma douleur; mais le soldat, qui ne sait pas lire et qui ne raisonne guère, n'y croyait pas. J'entendais dire derrière moi : « Je savais bien qu'il ne partirait pas. Les enfants de famille ont peur. Les gens protégés ne partent jamais, etc. » La sueur me coulait du front, je me regardais comme déshonoré, je ne dormais plus, malgré la fatigue du service, j'avais la mort dans l'âme, et je t'écrivais rarement, comme tu as dû le remarquer. Comment te dire tout cela? Tu n'aurais jamais voulu y croire!

Enfin, dans mon désespoir, je vais trouver le commandant Dupré, je lui montre la maudite lettre, et je lui annonce que je suis résolu à désobéir au général, à déserter le régiment, s'il le faut, pour aller servir comme volontaire dans le premier corps que je rencontrerai, à perdre mon grade de brigadier, etc. J'étais comme fou. Le commandant m'embrasse et m'approuve. Il m'avait annoncé et recommandé au chef de brigade et à plusieurs officiers du régiment, et il voyait bien que si je ne profitais de l'occasion de me distinguer dans cette campagne, mon avenir était ajourné, gâté peut-être. Il me dit qu'il prenait sur lui d'annoncer mon départ au général, et que quand même je perdrais à cela sa protection et ses bontés, ce qui n'était guère probable, je ne devais pas hésiter. Enchanté de cette conclusion, le matin du départ, je monte à cheval avec le détachement. Tous les officiers viennent m'embrasser, et au grand étonnement de tous les soldats, je prends avec eux la route de la Suisse. Ne voulant te dire ma réso-

CHAPITRE DOUZIÈME.

lution que lorsque je l'aurais justifiée par le baptême de la première rencontre avec l'ennemi, je t'écrivis de Colmar sous la date de Thionville, et j'envoyai ma lettre au *virtuose* Hardy pour qu'il la mît à la poste. Notre voyage fut de vingt jours, et après avoir traversé le canton de Bâle, nous rejoignîmes le régiment dans le canton de Glaris. C'est là qu'on voit ces montagnes à pic, couvertes de noirs sapins. Leurs cimes couvertes d'une neige éternelle se perdent dans les nues. On entend le fracas des torrents qui s'élancent des rochers, le sifflement du vent à travers les forêts. Mais là maintenant plus de chants de bergers, plus de mugissements des troupeaux. Les chalets avaient été abandonnés précipitamment. Tout avait fui à notre aspect. Les habitants s'étaient retirés dans l'intérieur des montagnes avec leurs bestiaux. Pas un être vivant dans les villages. Ce canton offrait l'image du plus morne désert. Pas un fruit, pas un verre de lait. Nous avons vécu dix jours avec le détestable pain et la viande plus détestable encore que donnait le gouvernement. Les dix autres jours que nous avons été en activité, nous nous sommes nourris de pommes de terre presque crues, car nous n'avions pas de temps de reste pour les faire cuire, et d'eau-de-vie quand nous en pouvions trouver.

Le 3 vendémiaire les hostilités commencèrent. Nous attaquâmes l'ennemi sur tous les points. Il était retranché derrière la Limmat et la Linth. A trois heures du matin l'attaque fut donnée. On m'avait tant parlé du premier coup de canon ! Tout le monde en parle et personne ne m'a su rendre ses impressions. Moi j'ai voulu me rendre compte de la mienne, et je t'assure que, loin d'être pénible, elle fut agréable. Figure-toi un moment d'attente solennelle, et puis un ébranlement soudain, magnifique. C'est le premier coup d'archet de l'opéra quand on s'est recueilli un instant pour attendre l'ouverture. Mais quelle belle ouverture qu'une canonnade en règle ! Cette canonnade, cette fusillade, la nuit, au milieu des rochers qui décuplaient le bruit (tu sais que j'aime le bruit), c'était d'un effet sublime ; et quand le soleil éclaira la scène et dora les tourbillons de fumée, c'était plus beau que tous les opéras du monde.

Dès le matin, l'ennemi abandonna ses positions de gauche. Il replia toutes ses forces à Uznach sur la droite. Nous nous y rendîmes. Nous ne donnâmes point dans cette journée. Nous restâmes en bataille derrière l'infanterie, laquelle s'occupait de passer la rivière qui nous séparait de l'ennemi. On construisit un pont sous son feu même. C'était à des Russes que nous avions affaire. Ces gens-là se battent vraiment bien. Lorsque le pont fut terminé, trois bataillons s'avancèrent pour le passer. Mais à peine furent-ils arrivés de l'autre côté, que l'ennemi s'avançant en forces considérables et bien supérieures aux nôtres, les troupes qui avaient passé le pont se jetèrent dessus en désordre pour le repasser. La moitié était déjà parvenue sur la rive gauche, lorsque le pont trop chargé se rompit. Ceux qui étaient encore sur la rive droite et qui n'avaient pu opérer leur retraite, voyant le pont rompu derrière eux, ne cherchèrent leur salut que dans un effort de courage désespéré. Ils attendent les Russes à vingt pas et en font un horrible carnage. J'ai frémi, je l'avoue, en voyant tant d'hommes tomber, malgré l'admiration que me causait l'héroïque défense de nos bataillons. Une pièce de douze que nous avions sur la hauteur les soutint à propos. Le pont fut promptement rétabli, on vola au secours de nos braves et l'affaire fut décidée. Si ce pont n'eût point cassé, l'ennemi profitait de notre désordre, la bataille était perdue. Le terrain marécageux ne permettant pas à la cavalerie d'avancer, nous avons bivouaqué sur le champ de bataille. Il fallait traverser notre bivouac pour porter les blessés à l'ambulance. Les feux énormes que nous avions allumés permettaient d'y voir comme en plein jour. C'est là que j'aurais voulu tenir, seulement pendant une heure, les maîtres suprêmes du sort des nations. Ceux qui tiennent la paix ou la guerre entre leurs mains, et qui ne se décident pas à la guerre pour des motifs sacrés, mais pour de lâches questions d'intérêt personnel, devraient avoir sans cesse pour punition ce spectacle sous les yeux. Il est horrible, et je n'avais pas prévu qu'il me ferait tant de mal.

J'eus ce soir-là la satisfaction de conserver la vie à un homme. C'était un Autrichien. Il y avait un corps étendu à côté de notre feu. Je l'observai. Il n'était que blessé à la jambe; mais, accablé de fatigue et de faim, il respirait à peine. Je le fis revenir avec quelques gouttes d'eau-de-vie. Tous nos gens étaient endormis. J'allai leur proposer de m'aider à transporter ce malheureux à l'ambulance. Accablés eux-mêmes de fatigue, ils me refusèrent. Un d'eux me proposa de l'achever. Cette idée me révolta. Excédé aussi de fatigue et de faim, je ne sais où je fus chercher ce que je leur dis; je m'échauffai, je leur parlai avec indignation, avec colère, je leur reprochai leur dureté. Enfin deux d'entre eux se levèrent et vinrent m'aider à emporter le blessé. Nous fîmes un brancard avec une planche et deux carabines. Un troisième chasseur, entraîné par notre exemple, se joignit à nous; nous soulevons notre homme, et, à travers les marais, dans l'eau et dans la vase jusqu'aux genoux, nous le portons à l'ambulance, éloignée d'une demi-lieue. Chemin faisant ils se plaignirent souvent du fardeau et délibérèrent de me laisser seul avec mon blessé m'en tirer comme je pourrais; et moi de leur crier : Courage! et de leur débiter, en termes de soldat, les meilleures sentences des philosophes sur la pitié qu'on doit aux vaincus et sur le désir que nous aurions qu'en pareil cas on en fit autant pour nous. Les hommes ne sont pas mauvais au fond, car la corvée était rude, et cependant mes pauvres camarades se laissèrent persuader. Enfin nous arrivons et nous mettons ce malheureux en un lieu où il pouvait avoir des secours : je le recommande moi-même, et je m'en retourne avec mes trois chasseurs, plus joyeux cent fois, l'âme plus satisfaite que si je sortais du plus beau bal ou du plus excellent concert. J'arrive, je m'étends sur mon manteau devant le feu, et je dors paisiblement jusqu'au jour.

Le surlendemain nous fûmes à Glaris, où était l'ennemi. Le général Molitor, commandant cette attaque, demanda un homme intelligent dans la compagnie. Je lui fus envoyé. Il alla le soir reconnaître la position de l'ennemi et je l'accompagnai. Le lendemain nous attaquâmes et nous chassâmes l'ennemi de la ville. Je fis pendant l'affaire le service d'aide de camp du général, ce qui m'amusa énormément. Je portai presque tous ses ordres aux différents corps qu'il commandait. L'ennemi, dans une retraite de quatre lieues, brûla tous les ponts de la Linth. Deux jours après, comme il s'avançait en force sur notre droite, le général Molitor m'envoya à Zurich porter au général Masséna une lettre dans laquelle il lui demandait probablement des forces.

Je voyageais par la correspondance. Il y a vingt grandes lieues de Glaris à Zurich, je les fis en neuf heures. Le lendemain, je revins par le lac dans une chaloupe. Je descendis à sept lieues de Zurich, à Reicherville. Devine la première personne que je vis en mettant le pied sur la rive! M. de la Tour d'Auvergne! il était avec le général Humbert. Il me reconnaît, me saute au cou, et moi de l'embrasser avec transport. Il me présenta au général Humbert comme le petit-fils du maréchal de Saxe. Le général m'invita à souper et me fit coucher dans sa maison; j'en avais besoin, car j'étais sur les dents. Le lendemain M. de la Tour d'Auvergne, qui se dispose à retourner bientôt à Paris, causa avec moi, me parla de toi, m'approuva de n'avoir pas trop consulté ta tendresse et la prudence du général Harville. Il ajouta que rien ne me serait plus facile que d'avoir un congé de trois décades cet hiver pour t'aller voir, que le directoire était maître de nommer par an cinquante officiers et que je pouvais être du nombre. Il en parlera à Beurnonville. Il a lui-même du crédit auprès du directoire, il se charge de mon congé. Ainsi, ma bonne mère, c'est à ton *maudit héros* que je devrai de pouvoir t'embrasser! Je me livre à cette idée, je me vois arrivant à Nohant, tombant dans tes bras. Beurnonville pourrait m'attacher à son état-major, ce qui me donnerait la liberté de te voir plus souvent. Nous arrangerons tout cela cet hiver, ma bonne mère. Les commencements sont durs, mais il faut y passer ; sois sûre que j'ai bien fait.

Nous avons quitté Glaris il y a quatre jours pour nous rendre à Constance. Il y a dix-huit lieues de pays qui en valent bien vingt-cinq de France. Nous les avons faites sans nous arrêter, par une pluie battante, arrivant pour bivouaquer dans des prés pleins d'eau. Mais la fatigue poussée à l'excès fait dormir partout. Nous sommes arrivés pendant le combat, et le soir nous étions maîtres de la ville. Les hostilités paraissent tirer à leur fin. Nous sommes allés nous reposer de vingt jours de bivouac dans le village d'où je t'écris. C'est le seul endroit où j'en aie eu la possibilité. Le but qu'on s'était proposé est rempli. La Suisse est évacuée. Nous allons maintenant nous refaire. Ne sois point inquiète de moi, ma bonne mère. Je te donnerai de mes nouvelles le plus souvent possible. Ne sois pas fâchée contre moi surtout si je ne t'ai informée qu'aujourd'hui de mes démarches. Mais te dire que j'allais à l'armée, tu n'y aurais jamais consenti, ou tu aurais passé tout ce temps dans des inquiétudes dévorantes. La guerre n'est qu'un jeu, je ne sais pourquoi tu t'en fais un monstre, c'est très-peu de chose. Je te donne ma parole d'honneur que je me suis fort amusé, à l'attaque de Glaris, de voir les Russes gravir les montagnes. Ils s'en acquittent avec une grande légèreté. Leurs grenadiers sont coiffés comme les soldats dans la *Caravane.* Leurs cavaliers, parmi lesquels il y a beaucoup de Tartares, ont une culotte à plis comme celle d'Othello, un petit dolman et un bonnet en forme de mortier, je t'en envoie un croquis. Ils étaient six mille dans le canton de Glaris. Leurs chevaux, qui pour la plupart n'étaient point ferrés, sont restés sur les chemins. La fatigue les a presque tous détruits.

Je reçois à l'instant deux lettres de toi, du 6 et du 9 fructidor. Quel plaisir et quel bien elles me font, ma bonne mère! J'en avais reçu une du 25 thermidor, elle m'est parvenue il y a six jours, lorsque nous étions bivouaqués sur les bords du lac de Wallenstadt. Je l'ai lue assis sur la pointe d'un rocher qui s'avance sur ce beau lac. Il faisait un temps admirable, j'avais devant moi des aspects enchanteurs. J'avais le sentiment d'avoir fait mon devoir en servant ma patrie, et je tenais une lettre de toi! C'est un des moments les plus heureux de ma vie.

Que diable veut dire M. de Chabrillant avec les services que j'ai rendus aux Gargilesses? Je ne les a pas vus depuis plus d'un an. On fait des histoires qui n'ont pas le sens commun.

Tu veux connaître le chef de brigade? Il s'appelle Ordener. C'est un Alsacien de quarante ans, grand, sec, fort grave, terrible dans le combat, excellent chef de corps, instruit dans son métier, en histoire, en géographie. A la première vue, il a l'air de Robert chef de brigands. Sur la recommandation de Beurnonville il m'a très-bien reçu.

J'ai reçu, comme je te l'ai dit, les cent cinquante francs que tu m'envoyais à Thionville, et en partant j'ai tout payé, sauf le vin pour deux mois, qui se montait à trente livres. Je payerai cela à Hardy, qui a soldé pour moi. Tu vois que mes libations aux camarades ne m'ont pas ruiné ; j'ai mieux aimé partir sans le sou que de laisser des dettes derrière moi. Il est vrai que je n'ai pas fait fortune à la guerre, car depuis quatre mois les troupes ne sont pas soldées. Mais je ne sais où te prier de m'envoyer de l'argent ; sois tranquille, je saurai bien m'en passer comme les autres. Envoie-moi si tu peux l'adresse du général Harville, je ne sais où le prendre.

Adieu, ma bonne mère. Voilà, j'espère, une longue lettre. Dieu sait quand je retrouverai le temps de t'en écrire une pareille ; mais sois certaine que je n'en perdrai pas l'occasion. Ne sois pas inquiète. Je t'embrasse mille fois de toute mon âme ! Quel plaisir j'aurai à te revoir ! Dis à Deschartres que j'ai pensé à lui pendant la canonnade, et à ma bonne qu'elle aurait bien dû venir me *border* au bivouac.

Est-il nécessaire de rappeler la situation de l'Europe, à laquelle se rattache le récit épisodique de cette fameuse campagne de Suisse ? Peu de mots suffiront. Nos plénipotentiaires au congrès de Rastadt avaient été lâchement assassinés. La guerre s'était rallumée. En vingt-cinq jours Masséna sauva la France à Zurich, en faisant évacuer la Suisse. Suwarow se retirait avec peine derrière le Rhin laissant une partie de ses Russes foudroyés ou brisés dans les précipices de l'Helvétie. A cette même époque, Bonaparte, quittant l'Égypte, venait de débarquer en France. Le même jour où mon père écrivait la lettre qu'on vient de lire (25 vendémiaire), Napoléon se présentait devant le directoire à Paris, et déjà les éléments du 18 brumaire commençaient à s'agiter sourdement.

J'ai malheureusement bien peu de lettres de ma grand'mère à son fils. En voici une pourtant. Elle est bien usée, bien noircie. Elle a fait le reste de la campagne sur la poitrine du jeune soldat, et il a pu la rapporter au trésor de famille.

Nohant, le 6 brumaire an VIII.

Ah ! mon enfant, qu'as-tu fait ! Tu as disposé de ton sort, de ta vie, de la mienne, sans mon aveu ! Tu m'as fait souffrir des tourments inouïs par un silence de six semaines : ta pauvre mère ne vivait plus. Je n'osais plus parler de toi. Les jours de courrier étaient devenus des jours d'agonie, et j'étais presque plus tranquille les jours où je n'avais rien à espérer. Mais le moment du retour de Saint-Jean était affreux. A sa manière d'ouvrir la porte mon cœur battait avec violence. Il ne disait mot, le pauvre homme, et j'étais prête à mourir. Mon fils! n'éprouve jamais ce que j'ai souffert!

Enfin hier j'ai reçu ta bonne grande lettre. Ah! comme je m'en suis emparée! Comme je l'ai tenue longtemps serrée sur mon cœur sans pouvoir l'ouvrir! Je me suis trouvée couverte de larmes qui m'aveuglaient quand j'ai voulu la lire. Mon Dieu, que n'avais-je point imaginé! Je craignais qu'on ne t'eût fait partir pour la Hollande. Je déteste ce pays et cette armée, je ne sais pourquoi. Tous ces morts, tous ces blessés me glaçaient d'effroi. Mais il m'aurait écrit son départ, me disais-je, et j'étais bien loin de croire que tu fusses à l'armée victorieuse de Masséna. Je ne pouvais croire à de tels succès avant d'avoir lu ta lettre. C'est que tu y étais, mon fils, tu lui as porté bonheur, et c'est à toi qu'il doit sa gloire. Trois batailles où tu t'es trouvé en quinze jours! Et tu es sain et sauf, grâce à Dieu! Dieu soit loué! Mon Dieu! si c'étaient les dernières! Comme toi, je rirais et je chanterais; mais la paix n'est pas faite. Tu dis que nous sommes près de rentrer en Italie; si cela était, il n'y aurait point de fin à nos maux, et il est bien temps de renoncer à s'égorger pour occuper un terrain qui ne nous restera pas. Je conçois, mon enfant, les raisons qui ont déterminé le parti que tu as pris. Il est évident que M. d'Harville ne te disait de rester que par égard pour moi. Il t'a fait brigadier avec circonspection, et il s'en tiendra là. Il a rempli sa tâche près du général Beurnonville. Il t'a prêté secours momentanément; il faut lui en savoir gré. Il ne te devait rien, et ce n'est pas un homme à protéger franchement, non plus qu'à refuser sa protection avec la même franchise. Tu l'as bien compris. Caulaincourt l'avait mis sur ce pied, où il avait toutes les hauteurs de l'ancien régime et les sévérités du nouveau. M. de la Tour d'Auvergne saura faire valoir ta conduite. Quel bonheur que tu l'aies rencontré en descendant de cette chaloupe à Reicherville! Il pourra dire que tu as fait la campagne, qu'il t'a vu, et celui-là, qui ne demande jamais rien pour lui, sait faire valoir les autres avec zèle. Mais je crains que ton congé ne dépende du général d'Harville; et, en ce cas, malgré le crédit que tu me supposes sur son esprit, nous ne l'obtiendrions pas facilement. Pourtant je vais recommencer bien vite toutes mes informations, mes démarches et mes écritures. Depuis un grand mois, j'étais morte. Je vais ressusciter par l'espérance. Je suis pourtant au désespoir de te savoir sans argent et de ne pas savoir où t'en adresser. Je vais essayer d'en faire passer au commandant Dupré ou à ton ami Hardy. Puisqu'ils t'ont bien fait parvenir mes lettres, ils pourront peut-être se charger de te faire tenir l'argent. Mais, en attendant, tu es dans un pays désert et dévasté, sans un sou dans ta poche ! Si tu pouvais demander au caissier du régiment ou au chef de brigade de t'en avancer, je leur ferais bien parvenir le remboursement. Ton insouciance à cet égard me désole. Vivre de pommes de terre et d'eau-de-vie ! quelle nourriture après de telles fatigues, après des marches forcées par un temps affreux et des nuits passées dans des prés plein d'eau ! Mon pauvre enfant, quel état, quel métier ! On a plus de soin des chevaux et des chiens durant la paix que des hommes à la guerre. Et tu résistes à tant de fatigues ! Tu les oublies, pour rendre la vie à un malheureux que le sort amène près de toi ! Ta bonne action m'a touchée profondément ; ta sensibilité, ton éloquence ont touché ces brutaux qui voulaient achever un pauvre homme, et tu l'as secouru de tes bras, de tes forces épuisées ! et tu es revenu dormir sur ton manteau, plus satisfait qu'après tous les plaisirs que ma sollicitude voudrait te procurer ! La vertu seule, mon enfant, donne cette sorte de délice, malheureux qui ne la connaît pas ! C'est dans ton cœur que tu l'as trouvée, car il n'y avait dans ce bon mouvement ni ostentation, ni regards publics, ni instinct d'imitation. Dieu seul te voyait, ta mère seule en devait avoir le récit. C'est l'amour du bien qui t'a conduit. Tu parles toujours de ta bonne étoile : sois sûr que ce sont les bonnes actions qui portent bonheur, et qu'avec Dieu les bienfaits ne sont jamais perdus. Je crois, puisqu'il le faut, que le parti que tu as pris est le plus sage; ces victoires inattendues me le persuadent. Tu veux servir, c'est ton goût, c'est ta première destination. Tu peux sous ce gouvernement faire un chemin plus rapide, je le sais bien, que tu n'aurais pu l'espérer autrefois. Les hommes d'aujourd'hui aimeront à attacher à la chose publique les restes du sang d'un héros. Il ne s'agit point là de noblesse, mais de reconnaissance publique, et je ne suis point injuste, je sais fort bien que ce qu'on appelait les *gens de rien* sont plus capables de cette reconnaissance-là que les gens haut placés ne l'étaient. Je l'ai éprouvé dans tout le cours de ma vie Les premiers n'avaient devant les yeux, dans mes rapports avec eux, que la mémoire d'un grand homme dont ils appréciaient les services publics. Les seconds, prompts à oublier les services particuliers, auraient voulu effacer sa gloire par jalousie et par ingratitude. Ils me voyaient pauvre, sans crédit, sans famille, et n'en étaient point touchés. Madame la Dauphine elle-même, qui devait son mariage à mon père, trouvait mauvais que je signasse de son nom, et

CHAPITRE DOUZIÈME.

eût voulu pouvoir m'empêcher de le porter, tant la vanité rend injuste et ingrat.

Tu peux donc, mon fils, faire un chemin où tu ne rencontreras plus de pareils obstacles. Tu as de l'énergie, du courage, de la vertu. Tu n'as rien à réparer, point de parents suspects. Tes premiers pas sont pour la chose publique, la route est tracée, parcours-la, mon fils, moissonne des lauriers, apporte-les à Nohant, je les poserai sur mon cœur, je les arroserai de mes larmes. Elles ne seront pas si amères que celles que j'ai versées depuis quinze jours!

Au mois de janvier, dis-tu, je pourrai te serrer dans mes bras. Dieu! c'est dans deux mois! Je ne puis le croire, mais j'en vais faire l'unique objet de ma sollicitude. Je suis en force, trois batailles! Je vais parler très-haut. Tout le monde va savoir que tu as vu l'ennemi et que tu l'as vaincu. On t'adorera à la Châtre. Tout le monde y partageait ma consternation, et c'était une joie publique quand on a vu ton paquet. Saint-Jean le portait en triomphe, et on l'arrêtait dans les rues. Tu balançais Buonaparte.... à la Châtre!

Tu as donc lu ma lettre au bord d'un beau lac de la Suisse, et elle venait, dis-tu, compléter l'éclat du plus beau jour de ta vie? Aimable enfant! combien mon cœur te sait gré de cette douce sensibilité! Combien tu m'es cher, et combien je t'envie cet instant de félicité que je n'ai pu partager avec toi! Quel bonheur de te voir dans cette situation, tout entier à ta mère et à tes tendres souvenirs! Que j'ai bien raison de t'aimer uniquement et d'avoir mis en toi tout le bonheur, toute la joie, toutes les affections de ma vie! Je n'aurai pas assez de tout mon être pour te recevoir, t'embrasser, te presser contre mon cœur, je mourrai de joie.

Mande-moi donc promptement où je pourrai t'envoyer de l'argent. Dans ce village de Weinfeld, il n'y a pas moyen, car tu n'y resteras pas. Si ton régiment séjournait quelque part, je t'enverrais courrier par courrier ce que tu me demanderais. En attendant, tu recevras, j'espère, les quarante écus que je vais envoyer aujourd'hui à M. Dupré. Il serait fâcheux qu'ils s'égarassent; l'argent est si rare, que six louis c'est un trésor aujourd'hui. Je ne sais où est M. d'Harville. Je vais lui écrire vite pour lui demander ta grâce, et j'adresserai ma lettre à Paris, rue Neuve des Capucines, numéro 531.

Adieu, mon enfant, ménage ta vie, la mienne y est attachée. Ne couche pas dans l'eau, chaque peine que tu éprouves, je l'endure. Tu n'as point été ébranlé par ce premier coup de canon. Mon Dieu, il me passe à travers le cœur! Je suis sûre que ce sont les mères qui lui ont fait cette réputation. Pour toi, tu riais de voir fuir ces pauvres Russes dans les montagnes, le bruit des armes te ravissait comme lorsque tu étais enfant. Mais le soir, à la lueur de ces grands feux, qu'as-tu vu? Tu as beau jeter un voile sur ces horreurs, mon imagination le soulève, et, comme toi, je frémis.

Tu vas te reposer? Hélas! je le souhaite; mais ne néglige pas de m'écrire, un mot seulement : *Je respire*. C'est tout ce que te demande ta pauvre mère; car l'ivresse de ma joie pour ton volume s'affaiblira bientôt, je le sais, devant de nouvelles inquiétudes, et s'il me faut être encore six semaines sans entendre parler de toi, mes tourments vont recommencer. Je finis ma lettre comme finit la tienne. « Quel bonheur j'aurai à te voir cet hiver! » là, dans ma chambre, près de mon feu! Toutes les friandises que nous faisons, je me dis à chaque instant que c'est pour toi. Ta vieille bonne dit : « C'est pour Maurice, je sais ce qu'il aime. » Deschartres fait du mauvais vin qu'il croit admirable, et il prétend que tu le trouveras bon. Il pleure en parlant de toi. Saint-Jean a fait un cri affreux quand je lui ai dit que tu t'étais trouvé à trois batailles, et il s'est écrié : « Ah! c'est qu'il est brave, *lui!* » Enfin c'est une ivresse ici que l'idée de ton retour. Je t'embrasse, mon enfant, je t'aime plus que ma vie. Ma santé est toujours de même. Je prends des eaux de Vichy qui me soulagent quelquefois. Je voudrais être bien guérie pour ton retour, car je ne veux me plaindre de rien quand tu seras près de moi. Il faut que tu sois attaché à l'état-major, je le veux absolument. Mais notre pauvre amie de la rue de l'Arcade est dans un malheur affreux : son fils aîné est toujours dans les fers, l'autre ne reparaît pas. Elle succombe, et je n'ose lui parler de toi. Le gros curé Gallepie est mort écrasé par un coffre qui, d'une charrette, est tombé sur lui. Il venait s'établir pour la quatrième fois dans nos environs, toujours poursuivi par les huissiers et laissant partout des dettes.

La *Petite Maison* se porte bien. Il est *monstrueux*. Il a un rire charmant. Je m'en occupe tous les jours, il me connaît à merveille, je te le présenterai. Adieu, adieu, ma lettre est le second volume de la tienne. Je n'y vois plus. Es-tu monté sur le cheval que tu as été chercher à ""? Est-il bon et beau? On va encore me prendre mon poulain, et bientôt je serai réduite à mon âne.... On m'apporte de la lumière, et je puis encore te dire quelques mots. Je serai forcée de cacher à certaines gens la précipitation avec laquelle tu t'es jeté dans cette guerre : car enfin tu pouvais te trouver en face de Pontgibault, d'Andrezel, Lermont, etc., et être forcé de les combattre. Mon rôle sera de dire que tu as été forcé de marcher, car on trouvera qu'avec ta naissance, tu n'aurais pas dû montrer tant de zèle pour la république. La situation est embarrassante, car il faut que je fasse sonner bien haut avec les uns ce que je dois dissimuler aux autres. Tu tranches de ton sabre toutes ces difficultés, et pourtant l'avenir ne nous offre aucune certitude! Tu regardes comme un devoir de servir ton pays contre l'étranger, sans t'embarrasser des conséquences. Et moi, je ne songe qu'à ton avenir et à tes intérêts, mais je vois que je ne puis rien résoudre et qu'il faut s'en remettre à la destinée.

LETTRE XLVI

Canton d'Appenzel, le 28 vendémiaire an VIII.
Armée du Danube, 3ᵉ division.

C'est de la vallée du Rhinthal, du pied de ces montagnes dont les sommets éblouissants se perdent dans les nues, c'est du séjour des brouillards et des frimas que je t'écris aujourd'hui, ma bonne mère. S'il existe un pays inhabitable, misérable, détestable dans sa sublimité, c'est celui-ci à coup sûr. Les habitants sont à demi sauvages, n'ayant d'autre propriété qu'un chalet et quelques bestiaux. Nulle idée de culture ou de commerce, ne vivant que de racines et de laitage, se tenant toute l'année dans leurs rochers et ne communiquant presque jamais avec les villes. Ils ont été confondus l'autre jour de nous voir faire de la soupe, et quand nous leur avons fait goûter du bouillon, ils l'ont trouvé détestable. Pour moi, je le trouvai délicieux, car depuis deux jours nous étions sans pain et sans viande, et nous avions été forcés de nous remettre à leur nourriture pastorale, que, de bon cœur, à mon âge, avec mon appétit et le métier que nous faisons, on peut donner à tous les diables.

Le jour même où je t'écrivis la dernière fois, nous quittâmes Weinfelden pour nous rendre à Saint-Gall, qui en est éloigné de sept lieues. On nous renvoya ensuite dans ces montagnes, et depuis deux jours je suis à Gambs, sur la droite d'Alstedten, détaché comme ordonnance avec deux chasseurs près du général Brunet, et comme on ne meurt pas de faim à un état-major, je me dédommage sans façon du régime des montagnes et de la frugalité des pasteurs. Nous avons été hier toute la journée à cheval avec le général. Il a fait la visite des camps qui sont sur le Rhin en avant de nous. Ce fleuve n'est guère plus large ici que l'Indre à Châteauroux, et je pourrai dire que je le connais beaucoup, l'ayant *fréquenté* à Cologne assez longtemps. Aujourd'hui nous restons tranquilles, et j'en profite pour causer avec toi et relire tes deux lettres. J'ai fait passer au chef de brigade Ordener celle que tu lui destinais.

— Tu me reproches de n'avoir pas écrit depuis longtemps à M. Heckel. Il est vrai que j'ai eu en tête bien des agitations qui m'en ont empêché. Je lui ai pourtant écrit deux fois de Cologne ; mais dans les derniers temps tout ce que je pouvais faire, c'était de t'écrire à toi, ma bonne mère. Tu sais bien que j'avais le cœur pris par une femme charmante qu'il me fallait quitter et qui, pas plus que toi, n'avait envie de me voir aller à la guerre. Lutter contre sa mère et contre sa maîtresse, quitter l'une et désobéir à l'autre, et sentir qu'on le doit, que la mort au champ d'honneur serait préférable à une vie de délices passée dans la honte, c'était une grande lutte, et je n'ai que vingt ans, ma bonne mère! Je t'en prie, ma bonne mère, ne me rends pas cette lutte trop rude par ta douleur et tes inquiétudes... Pour en revenir à mon ami, certainement j'aurais dû lui écrire. Il n'eût pu que me donner de bons conseils et du courage. Mais m'aurait-il gardé le secret auprès de toi? Enfin depuis que je suis à l'armée, je me suis trouvé un peu plus digne de pardon, et avant d'avoir reçu ta lettre je lui avais écrit.

Quant à celle que M. Doulourdoueix dit avoir reçue de moi, il faut qu'il se trompe de date, car je ne lui ai pas écrit depuis que je t'ai quittée. J'écrirai au général Harville, et pourtant je ne peux pas m'empêcher de lui en vouloir un peu, car plus je vais, plus je reconnais qu'un soldat qui demande de l'avancement sans avoir brûlé une amorce est un pauvre sire, et que j'aurais fait une sotte figure si je n'avais désobéi. A présent je puis demander et espérer d'être officier. J'ai envoyé des coups de carabine à l'ennemi, j'ai entendu ses balles siffler autour de mes oreilles, et je puis sans rougir causer avec les vieux militaires. Je n'ai pourtant pas été ingrat envers le général Harville, car il faut que je te dise maintenant que j'ai eu l'occasion de le quitter et de faire la guerre un peu moins durement que je ne la fais maintenant. J'avais écrit de Cologne à Beurnonville pour lui dire que je voulais absolument rejoindre les escadrons de guerre, et il m'avait répondu en m'approuvant et en me proposant de m'attacher de suite au général d'Hautpoul ou au général Klein, à mon choix. Je le remerciai, mais ne voulus point quitter le général Harville pour un autre, et je préférai, puisque je me séparais de lui uniquement pour faire la guerre, la faire avec le régiment et subir toutes les misères du soldat. Certes je suis loin d'être dans la prospérité à l'heure qu'il est. Je suis soumis à toutes les corvées, à toutes les gardes, à tous les bivouacs, à tous les appels comme les autres. Je panse mon cheval, je vais au fourrage, je vis à la gamelle, heureux quand gamelle il y a! Eh bien, fussé-je dix fois plus mal, je ne regretterais pas ce que j'ai fait; car je sens que personne n'a rien à me reprocher, et que si le général Harville me blâme, il aura tort. Dans tous les cas, Beurnonville et M. de la Tour d'Auvergne m'approuvent et me protégent. Ils pourront le faire d'autant mieux maintenant que je ne suis plus seulement le petit-fils du maréchal de Saxe, mais que je suis soldat pour tout de bon de la république, et que j'ai justifié autant qu'il était en moi l'intérêt qu'on m'accorde. Pour toi, ma bonne mère, tu n'es plus considérée comme une femme suspecte de l'ancien régime, mais comme la mère d'un vengeur de la patrie. Oui, ma mère, c'est sur ce pied-là qu'il faut le prendre en France à l'heure qu'il est, car tout autre point de vue est faux et impossible. Je ne suis pas devenu *jacobin* au régiment, mais j'y ai compris qu'il fallait aller droit son chemin et servir son pays sans regarder derrière soi; faire bon marché de la fortune et du rang que la révolution nous a fait perdre, et se trouver assez heureux si l'on peut devoir à soi-même désormais ce que nous devions jadis au hasard de la naissance. Allons, père Deschartres, il faut vous ériger en Caton d'Utique et ne plus me parler du passé. Je ne succombe point sous la rigueur du régime militaire, car je grandis à vue d'œil, et tous ceux qui ne m'ont pas vu depuis un mois s'en aperçoivent. Loin de maigrir, je deviens plus carré, et je me sens chaque jour plus fort et plus dispos. Tu jugeras toi-même bientôt de mes progrès en long et en large. Tu me demandes si c'est moi qui ai fait faire mon nouveau cachet[1]. Oui, ma bonne mère, je l'ai dessiné et fait exécuter à Thionville. Je suis bien content qu'il te plaise, et que tu le trouves préférable aux armoiries qu'on nous a supprimées.

Je vais demain à Meltz, à quatre lieues d'ici sur notre droite, avec le général Brunet. C'est le quartier général du général Soult. Le régiment de mon cher Maulnoir est dans cette ville, j'espère l'y voir.

On croit ici que l'arrivée de Buonaparte décidera les puissances à la paix. Les Russes sont presque tous échinés. Les Autrichiens les détestent. Il règne entre eux la même inimitié qu'en 92 avec les Prussiens. Ils sont vis-à-vis de nous de l'autre côté du Rhin. Ils défendent les montagnes des Grisons, où l'on n'a aucune envie d'aller les déranger, car ils n'y ont pour subsister que de la neige, et le diable m'emporte si je sais comment ils s'en tirent. On pourra peut-être passer sur la gauche à Rheineck, qui est à la queue du beau lac de Constance. Regarde sur la carte, et tu verras toutes nos positions depuis Rheineck jusqu'à Meltz; si l'on passait à Rheineck, ce serait pour entrer en Souabe. Mais il n'en est pas question encore, on est immobile de part et d'autre. On nous a envoyé des parlemen-

---

[1] C'est un sabre entouré de lauriers, avec cette devise : *Il veut les mériter.*

taires ces jours derniers. Nos trompettes se sont fait un devoir de griser les trompettes autrichiens, qui s'y sont prêtés le plus galamment possible. Adieu, ma bonne mère, ne sois point inquiète de moi, je ne saurais trop te le répéter. Je t'embrasse et je t'aime de toute mon âme.

CHAPITRE TREIZIÈME

Suite des lettres. — Le général Brunet. — Désappointement. — Le commandant Lochet. — Le serment des troupes à la constitution de l'an VIII. — Lettre de ma grand'mère après le 18 brumaire. — Lettre de la Tour d'Auvergne. — Retour à Paris. — Présentation à Bonaparte. — Campagne d'Italie. — Passage du Saint-Bernard. — Le fort de Bard.

LETTRE XLVII

Alstedten, 7 brumaire an VIII (octobre 1799).
Armée du Danube, 4e division.

Changement de face dans mes affaires. Heureux hasard ! Fortune fait souvent plus que prudence, voilà mon refrain, ma bonne mère, et le sommaire de ce que je vais te raconter. Il y a huit ou dix jours que le hasard me fit être d'ordonnance près du général de brigade Brunet. Je fus avec lui au quartier général de Soult, où un autre hasard me fit rencontrer le général Mortier, que j'avais vu à Cologne chez le général Harville. Il me reconnut, quoique de fort loin et à travers une fenêtre. Maulnoir, qui était alors au quartier général avec un détachement de son régiment, lui dit que j'étais depuis deux jours près du général Brunet, et lui raconta comment j'avais désobéi au général Harville. De sorte que, pendant le dîner, on parla de moi, et le général Mortier apprit au général Brunet qui j'étais et ce que j'avais fait. Maulnoir se mit de la partie, appuya en bon camarade sur mon éloge, dit que je possédais parfaitement l'allemand, et fit si bien qu'en sortant de table le général Brunet me fit demander et me dit que nous ferions la campagne ensemble, que je n'aurais pas d'autre table que la sienne, qu'il me demanderait au chef de brigade, et qu'en cas de refus de sa part, il lui signifierait impérativement qu'il me gardait près de lui ; que ma connaissance de la langue allemande lui serait très-utile, et que s'il avait su plus tôt qui j'étais et comment je m'étais conduit, il m'aurait traité tout d'abord comme je le méritais. Enfin, après force remercîments de ma part et discours honnêtes de la sienne, nous remontâmes tous à cheval fort contents les uns des autres. Il fit en effet au chef de brigade la demande de ma personne, et celui-ci s'y étant refusé sous prétexte que l'ordre du régiment exigeait qu'on relevât tous les dix jours les hommes détachés, le général lui écrivit assez sèchement qu'il ne connaissait dans sa brigade d'autres ordres que ceux qu'il donnait, et qu'il me gardait. Je suis fâché que les choses ne se soient pas arrangées à l'amiable : car si le général changeait de division, peut-être, par pique, le chef de brigade me réclamerait-il. Je ne doute pourtant pas que son refus ne vienne de l'intérêt qu'il me porte, à cause des recommandations dont je suis l'objet auprès de lui. C'est le cas de dire : *Chargez-vous de mes amis*, car il serait fort que, par la protection de deux généraux de division, je fusse forcé de rester dans la compagnie, centre de toutes les misères et de toutes les fatigues. Je ferai mon possible, je t'assure, pour n'y pas rentrer ; car, malgré ma résolution de tout souffrir plutôt que de manquer à mon devoir, je préférerais beaucoup faire la guerre avec un général. Je me moque après tout de la table et des douceurs de la vie ; mais la guerre, quand on est ainsi au courant de toutes les opérations de l'armée et de tous les mouvements de l'ennemi, devient attrayante comme un art, comme une science, et vous donne des émotions qu'on chercherait en vain dans un régiment où l'on est transformé en machine inintelligente. Enfin, je voudrais la fleur du métier, je ne suis pas difficile.

J'ai été avant-hier en parlementaire chez les Autrichiens avec l'aide de camp du général et un trompette. Nous nous sommes avancés sur les bords du Rhin en sonnant des appels pour éviter qu'on ne nous campât quelques coups de canon. L'officier du poste autrichien nous a fait une très-grande salutation en nous disant qu'on allait venir nous chercher. En effet, la barque vint nous prendre, et nous passâmes de l'autre côté. Il s'agissait de faire parvenir à l'adjudant général Latour, prisonnier chez les Autrichiens, une lettre et un amphigouri verbal sur la vente d'un de ses biens, lequel amphigouri signifiait tout autre chose. La conférence s'est passée entre un officier des hussards de Granitz, l'aide de camp du général Brunet et moi, qui faisais les fonctions d'interprète. Les affaires finies, nous nous mîmes à causer et à rire du meilleur cœur. L'officier de hussards autrichien nous offrit à boire. On trinqua, on but à la santé de Buonaparte, du prince Charles, du directoire, et le tout avec de grands éclats de rire. Après nous être touché cordialement dans les mains, nous nous séparâmes les meilleurs amis du monde.

Je suis continuellement avec des généraux et des chefs de brigade, faisant fort bonne chère et buvant de bon vin, mais sans un sou dans ma poche, ce qui ne laisse pas que d'être incommode ; car en si brillante compagnie, il faut se poudrer, se pommader, se blanchir, etc. Quand tu pourras m'en envoyer, adresse-le au citoyen Brunet, général de brigade à la troisième division. S'il voulait me faire maréchal des logis, ce serait un grand pas ! mais surtout il faudra que j'aie un congé. Quel plaisir d'aller t'embrasser, ma bonne mère, et te consoler de toutes les peines que mon absence t'a causées ! Je me nourris de cette idée avec délices. Je vois mon arrivée, le remue-ménage, ma joie, la tienne, père Deschartres quittant son air grave, ma bonne criant à tue-tête, les chiens aboyant à se fendre la gueule, mon pauvre Tristan me reconnaissant avec peine, les questions interminables ; ce sera sans doute le jour le plus beau de ma vie, depuis celui où je t'ai revue au sortir de ta prison. Comme tu vas m'examiner de la tête aux pieds ! Tu trouveras un fameux changement dans mon costume, tu n'auras plus à te plaindre des vilaines tailles carrées, car nous sommes serrés, pincés et écourtés de la belle manière. Arrivé à Nohant, je ne sors plus, je reste enfermé en tête-à-tête avec toi, pour répondre à toutes tes questions, pour te raconter le moindre détail de mes aventures, et ne pas perdre un seul des instants que j'aurai à passer avec toi. Quel bonheur !

Adieu, ma bonne mère, il y a bien longtemps que je n'ai rien reçu de toi, je vis dans l'attente et l'impatience, et je relis tes anciennes lettres.

Je t'embrasse de bien loin, à travers bien des montagnes et des précipices, mais dans quelque temps ce sera, j'espère, de bien près.

CHAPITRE TREIZIÈME.

Quand on nomme un des personnages militaires de cette époque, on aime à embrasser par le souvenir toute sa vie avant et après les événements où on le voit agir. Les noms de Masséna, de Soult et de Mortier rappellent toute l'histoire des guerres de la république et de l'empire, mais d'autres noms ont laissé peut-être moins de traces dans la mémoire de beaucoup de lecteurs. Il ne sera donc pas inutile de rappeler que le général Humbert, qu'on appelait dans l'armée le beau général, après des campagnes brillantes, tomba dans la disgrâce de Napoléon. En 94 il s'était distingué dans la Vendée ; en 98 il avait commandé notre expédition en Irlande et y avait battu les Anglais ; en 1802 il avait chassé les noirs de Port-au-Prince ; en 1814 il alla se joindre aux insurgés de Buenos Ayres. — Quant au général Brunet, il fut aussi un officier supérieur très-distingué. Son père, général de la république, avait péri sur l'échafaud en 93. Colonel et général en 94, le jeune Brunet fit, en 1801, partie de l'expédition de Saint-Domingue, et, en 1802, s'empara de Toussaint-Louverture.

LETTRE XLVIII

Alstedten, 3 frimaire an VIII (novembre 1799).

Depuis quatre heures, ma bonne mère, je ne suis plus avec le général Brunet, et voici pourquoi. Le chef de brigade lui a mandé de me renvoyer à ma compagnie, parce qu'il allait m'y faire maréchal des logis. Malgré ma répugnance à m'éloigner de ce général, malgré ses aimables regrets, je l'ai quitté ce soir, embrassé par lui, par ses aides de camp et son secrétaire; jusqu'à ses domestiques qui se récriaient sur mon départ. « Comment! notre brigadier nous quitte? Et qu'est-ce qui nous fera donc valser à présent? Lui qui contait de si drôles d'histoires et qui faisait tant rire notre général! » Le fait est que j'avais le don de mettre ce bon général en belle humeur. C'est un fort brave homme, un peu colère, brusquant les étrangers à tort et à travers, mais vraiment paternel pour ceux qui l'entourent, et j'étais trop heureux auprès de lui pour que cela durât. Quand j'ai pris congé de lui en lui faisant un profond salut, comme j'avais l'habitude d'en user à Cologne avec le général Harville, il ne m'a pas donné le temps d'achever ma révé-

CHAPITRE TREIZIÈME.

rence, et, me prenant les deux mains avec cordialité, il m'a embrassé en me disant : « Mon cher Dupin, c'est avec un regret extrême que je vous vois partir. Il faut que votre avancement l'exige pour que je consente à notre séparation. Mais elle ne sera pas longue, j'espère. L'important pour vous est d'être fait bien vite maréchal des logis. Aussitôt après votre nomination, je vais travailler à vous reprendre. Votre régiment n'est plus sous mes ordres, mais je vais demander votre escadron au général commandant la division, et si je ne puis l'avoir, je vous ferai demander par ce même général à votre chef de brigade. » Voilà ce qui s'appelle aimer les gens franchement, et vraiment tu as bien raison, on trouve plus de cordialité chez les gens sans naissance que chez les grands.

Me voilà revenu à la compagnie et retombé dans le bivouac et la vache enragée, mais ce ne sera pas long, et je retournerai auprès de ce bon général, chez qui j'ai connu plusieurs personnes aimables dont j'ai gagné aussi l'amitié. Il y en a deux entre autres dont tu as pu voir les noms dans les journaux, aux articles de nos succès d'Helvétie. L'un est le citoyen Gaudinot, commandant la 25ᵉ légère, et l'autre le citoyen Lochet, commandant la 94ᵉ demi-brigade de ligne. C'est ce dernier qui rallia les troupes et leur fit faire face à l'ennemi lorsque le pont fut rompu au passage de la Linth. C'est un homme de cinq pieds dix pouces, un véritable Hercule, aimant infiniment à rire et à faire ce que nous appelons ici des *farces*. Quelques mots d'éloge sincère que je ne pus m'empêcher de lui adresser à bout portant sur son action héroïque me firent remarquer de lui à la table du général. Il me dit avec un grand sérieux et portant la main à son front comme font les soldats pour saluer : *Mon caporal, vous y étiez donc?* — Oui, mon commandant. Et depuis ce temps il ne m'appelle plus que son caporal. A table, il prend solennellement la parole pour porter la santé du caporal. Il s'arrête dans la rue lorsque je passe, et m'ôte son chapeau jusqu'à terre. C'est à crever de rire, et le nom de *caporal* m'en est resté, le général Brunet lui-même ne m'appelle plus que *mon caporal*. L'autre jour il prit aux Autrichiens une lubie de passer le Rhin pendant que nous étions à dîner. On vient l'annoncer au général, et vite la générale de battre, les trompettes de sonner à cheval, les chiens d'aboyer, les habitants de fermer leurs portes, les femmes et les enfants de crier. C'était une confusion du diable. Sans perdre de temps, je selle mon cheval et reviens près du général, qui m'ordonne de courir à toute bride au poste attaqué et de dire au commandant Lochet, qui le défendait, de culbuter les Autrichiens dans le Rhin pendant qu'on lui dépêcherait du renfort. Je détale, il y avait environ deux lieues, j'entendais dans les montagnes la canonnade, la pétarade, mon cheval allait comme le vent. Je crois que j'aurais traversé l'enfer pour arriver. J'arrive hors d'haleine. Le commandant Lochet, qui m'aperçoit, vient à moi, et m'ôtant son chapeau avec son sérieux accoutumé, me dit : « Mon caporal, qu'y a-t-il pour votre service? — Mon commandant, je viens vous dire de culbuter les Autrichiens dans le Rhin. — Mon caporal, c'est fait. Faites-moi l'honneur d'accepter un verre de vin. — Bien volontiers, mon commandant. » Et en buvant, il m'a dit que l'ennemi avait débarqué, mais qu'il l'avait forcé de se rembarquer après lui avoir fait des prisonniers et tué plusieurs hommes.

Je revins porter cette nouvelle; mais mon cheval, déjà fatigué des courses précédentes, étant parti du dépôt trop jeune pour supporter les fatigues de la guerre, me refusa le service et, achevé par cette dernière galopade, devint tout à fait fourbu. Je le ramenai avec beaucoup de peine par la bride. Le soir les jambes lui enflèrent, et il fut impossible de s'en servir. Fort heureusement que nous ne fûmes pas obligés de battre en retraite, car j'étais pris par messieurs les Cosaques qui sont vis-à-vis de nous, et qui ont la mauvaise habitude de ne pas faire de prisonniers. Il n'est pas du tout plaisant de tomber dans leurs mains. Étant toujours sur le qui-vive, il eût été fort imprudent de rester démonté. Le général l'a senti, et m'a fort gracieusement offert de l'argent pour acheter un cheval. Il le fallait absolument, ma bonne mère; ce sont les malheurs de la guerre. J'acceptai six louis, qui m'ont servi à acheter d'un capitaine du régiment un joli petit cheval tartare pris à messieurs les Cosaques, léger comme le vent et vif comme la poudre. J'ai eu la selle et la bride par-dessus le marché, et c'est vraiment pour rien; mais c'est toujours trop quand cela te coûte; mais comme j'ai renvoyé mon cheval au petit dépôt, celui que j'ai acheté m'appartient bien, et je pourrai le revendre quand, après la distribution des chevaux, j'en aurai repris un autre. Me voilà donc endetté de six louis que je te prie, ma bonne mère, d'adresser au général Brunet.

J'ai couru hier sur toute la ligne pour faire prêter aux troupes le nouveau serment. Tout le monde ici est très-content de ces derniers événements[1].

J'ai enfin reçu deux lettres de toi à la fois; il y avait bien longtemps que j'étais privé de ce bonheur-là. Mais je n'avais que la privation, et toi, avec la privation, tu as eu l'inquiétude. Pardonne-moi de t'avoir causé ces tourments! Je m'en veux bien de te faire souffrir, et pourtant!... mais quand tu te plains, il me semble toujours que c'est moi qui ai tort.

---

[1] Le 18 brumaire.

CHAPITRE TREIZIÈME.

Le chef de brigade Ordener n'est pas, comme tu le crois, ami de M. de la Tour d'Auvergne. Il ne le connaît seulement pas. M. de la Tour ne connaît dans le régiment que mon capitaine Coussaud, celui qui a reçu mon engagement à Paris, et qui, malgré son air froid, m'avait témoigné tant de bon vouloir. Il est devenu adjudant général, et il est à cette armée. Il est venu dîner ces jours derniers chez le général, et cela a fait entre nous la plus belle reconnaissance du monde. Quant à mon congé, il ne dépend en aucune façon du général Harville. C'est au ministre de la guerre ou au général en chef Masséna qu'il faut t'adresser pour l'obtenir, et tu l'obtiendras par l'intermédiaire de Beurnonville ou de M. de la Tour d'Auvergne. Si je parviens à être officier, je demanderai à passer dans le 3e hussards ; je tiens beaucoup à quitter mon régiment quand je le pourrai ; car le chef de brigade paraît s'être persuadé que, quand on y est, on n'en doit plus sortir. Il n'aime pas ceux qui sont dans les états-majors ; et comme l'état-major est mon but, je serais toujours contrecarré par lui ; je le vois venir.

Pour que je te voie à mon aise, tâche de m'obtenir un ordre du ministre de me rendre à Paris. Cela vaut bien mieux qu'un congé du régiment et une feuille de route, qui vous limitent le temps et vous tracent rigidement le voyage.

Adieu, ma bonne mère, j'aspire à être maréchal

des logis pour t'aller voir. Je ne pense, je ne rêve qu'à cela. Adieu, adieu. Je t'aime de toute mon âme.

DE MA GRAND'MÈRE A MON PÈRE.

Nohant, 22 brumaire an VIII (novembre 1799).

Si tu ne m'avais écrit de l'armée, mon enfant, je serais morte de douleur et d'inquiétude; car M. Dupré, à qui j'avais écrit pour m'informer de ton sort, ne m'a pas encore répondu. Dieu veuille que du moins il t'ait envoyé l'argent que je lui ai fait passer pour toi par M. Lefournier! Ce n'est pas sans peine que je m'étais procuré ces six louis, le pauvre homme n'avait pas de quoi me payer, et, sans m'en rien dire, il a vendu ses effets pour t'envoyer exactement cette somme. De toutes les personnes à qui j'ai écrit, je n'ai reçu de réponse que de M. de la Tour d'Auvergne, mais une lettre charmante, pleine de sensibilité et d'intérêt pour toi et pour moi. Il me dit que ton superbe maintien, ta politesse, ta discrétion, le liant de ton caractère, t'ont mérité l'approbation de tous les généraux auxquels tu as été présenté. C'est parfait, mon enfant, ces éloges vont jusqu'à mon cœur; mais ce qui m'a fait mal, c'est qu'il ajoute que le général Humbert t'a voulu faire promettre de le suivre en Irlande. Tu n'as pas dit oui, mon fils? Tu n'as pas pu le dire! Ce général Humbert ne sait pas que tu as une mère dont tu es le fils unique. Tu n'as pas, comme lui, j'espère, la manie de guerroyer. Tu aimes le service, mais aussi tu aimes la paix, qui fait le bonheur de tous et qui est si désirée par ta triste mère. . . . .

Voilà tout le directoire encore une fois détraqué, Buonaparte chef de la ville et de l'armée. Ce n'est pas le hasard qui l'a fait revenir d'Égypte au moment qu'on le croyait perdu dans les déserts de la Syrie. C'est encore une révolution, et qui peut amener de grands événements. Celui de la paix et de la sécurité serait le plus intéressant pour moi. Si ton capitaine Coussaud, qui m'a écrit une lettre fort bonne, et qui me paraît un homme excellent, voulait te servir auprès de Masséna (et M. de la Tour d'Auvergne n'en doute pas), Masséna pourrait te faire officier; car, pour le directoire, il n'y faut plus songer. Sieyès seul est conservé. Ceux qui seront nommés (si on en prend d'autres) seront soumis au nouveau chef. Que de projets, d'espérances déçus! Le congé que je demande pour toi ne s'en sentira pas, j'espère. . . . .
. . . .

Bonsoir, mon enfant; tu me recommandes d'être tranquille, hélas! je ne le serai que quand je te tiendrai dans mes bras; mais tu y resteras si peu, que je n'aurai pas le temps de me rassurer. Je t'embrasse, mon fils, avec la plus vive tendresse, et je t'aime mille fois plus que ma vie.

Je n'ai point de journaux ce soir, mais ceux qui en ont disent que les conseils sont chassés, qu'il n'y a que cinquante membres de conservés, qu'un officier de la suite de Buonaparte lui a tiré un coup de fusil dans le conseil, qui, heureusement, ne l'a pas atteint, et qu'on l'a arrêté sur-le-champ. Tout le monde espère être mieux, il semble qu'on ne pouvait pas être plus mal. Enfin je respire un peu. Peut-être nos maux vont-ils finir! On dit que la Prusse n'est pas étrangère à cet événement; c'est l'inverse du 18 fructidor. Directeurs et conseils sont dans le même sac.

LETTRE XLIX

Alstedten, le 13 frimaire (décembre 99).

Hélas! ma bonne mère, je ne suis pas encore nommé, et pour courir après ces diables de galons j'ai quitté le général Brunet, et je vois tous mes projets renversés, car il m'écrit à l'instant qu'il part pour l'armée d'Italie. Cela me désole; j'aurais fait un si beau voyage avec lui! Il avait bien raison de me refuser d'abord à ce damné chef de brigade,

CHAPITRE TREIZIÈME.

et de lui dire : « Vous n'aurez pas mon brigadier. Je l'ai disputé au général Mortier, et ce n'est pas pour vous le rendre. Il est à moi, je le veux absolument. » Et quand il a cédé devant la promesse qu'on me ferait maréchal des logis, quand il part pour l'Italie, voilà qu'il prend au citoyen Ordener une belle réflexion. Il me dit qu'il craint de faire des jaloux et qu'il ne peut tenir sa promesse. Cependant, à la sollicitation du docteur, qui a beaucoup de crédit sur son esprit, il consent à me nommer fourrier. Le bel effort ! Enfin, il faut s'en contenter. Je ne suis plus forcé de porter de carabine, et c'est un grand poids de moins. Je ne suis plus tenu de panser mon cheval, je ne monte plus de piquet, plus d'inspections de chevaux, d'armes, de selles et autres minuties assommantes qu'on inflige à regret au pauvre soldat harassé en temps de guerre. Je suis donc un peu plus commodément, mais j'enrage d'avoir été joué par ce féroce Alsacien, qui n'avait pourtant pas l'air malin, et que moi, bêtement, j'étais tout disposé à aimer.

J'attends avec impatience que tu puisses m'envoyer quelque chose, car je ne me suis pas enrichi en me remontant d'un cheval à tes frais. Je n'ai plus un mouchoir, mes cravates sont en loques, mes bottes sont trouées, mon habit percé au coude, pas seulement de quoi m'acheter un ruban de queue ! Ne t'afflige pas de tout cela pourtant, et ne prends pas ces malheurs au sérieux. Je suis jeune, fort, peu délicat dans mes habitudes physiques, et je me moque de tout en pensant que tu ne manques de rien. Je vois quelquefois notre ancienne opulence comme dans un rêve. Quelle différence aujourd'hui pour moi ! Eh bien, quand je me demande ce que j'éprouverais si je te voyais dans l'état où je suis, je sens que j'en deviendrais fou, et alors en pensant que ce n'est que moi qui pâtis un peu, je me trouve presque heureux. Tu vois que je sais me faire des raisonnements baroques pour me consoler.

Je n'ai pas vu le pont du Diable. Il faudrait pour cela aller juqu'au Saint-Gothard. Mais j'ai reconnu grand nombre de sites qui sont dans notre gros livre de Nohant : le lac de Zurich, celui de Constance, etc. J'ai vu des glaciers aux environs de Glaris. Dans le Muttenthal, j'ai vu un pont suspendu à environ quinze cents pieds au-dessus d'un torrent. Ce pont a douze pieds de large. Notre armée y a passé en battant en retraite, dans une des dernières affaires, et un grand nombre de nos soldats a fait le saut périlleux. J'ai gravi dans des montagnes horribles, dominant des vallées qui offraient l'image de la désolation, l'horizon borné de toutes parts de rochers affreux. Pas une cabane, pas un être vivant, un silence épouvantable !....

Je suis bien content que l'ami Pernon aille passer l'hiver à Nohant. Cette société te distraira. Si je pouvais bientôt venir faire le quatrième ! Mais tout est maintenant si embrouillé qu'il est impossible de rien arranger. Tâche pourtant. Je serais si heureux de te voir !

Je t'embrasse et je t'aime de toute mon âme.

LETTRE

DE M. DE LA TOUR D'AUVERGNE

A MA GRAND'MÈRE

Passy, le 23 frimaire an VIII.

A LA CITOYENNE DUPIN, NÉE DE SAXE

Madame,

J'ay reçu à mon retour de Montreuil, où j'ay été passer quelques jours, l'aimable lettre qu'il vous a plu de m'adresser. Vous payez par de trop flatteuses récompenses le bonheur qu'on attache à vous servir. Il ne saurait rester à ceux qui l'ambitionnent, et qui se trouvent en concurrence avec le général Beurnonville, qu'une bien faible portion de mérite. Vous rendez avec mille grâces toutes celles que ce général a mis à vous entretenir de la part qu'il prend au sort de votre fils.

Placé sur la liste des hommes chers à la patrie, et dont le nom ne s'offre jamais à la pensée sans que l'admiration et la reconnaissance ne leur payent un tribut, l'on peut sans compromettre son jugement espérer que le petit-fils du grand Maurice, à son retour de l'armée, sera distingué par le gouvernement. Je suis encore soutenu dans cet espoir par celui que vous a donné le général Beurnonville. J'ai aussi appris que M. d'Épernon avait vu le général d'Harville, et que celui-ci avait écrit le même jour au général divisionnaire Mortier (sous les ordres duquel se trouve le général Brunet) pour faire expédier à votre fils un congé provisoire d'absence. Quel triomphe, madame, pour l'amitié, et quel chagrin pour l'envie !

Je ne puis vous dire à quel point j'ay été indigné de la conduite du chef de brigade envers son subalterne. Il est instant qu'il s'éloigne de cet homme sauvage, dont on ne peut attendre que des coups de boutoir. Vous le peignez sous les couleurs les plus sombres ; mais mon indignation multiplie encore ses difformités à mes ieux. Je me hâte de les détourner de cet affreux tableau. Il est si doux de s'arrêter à celui de vous voir étendre vers votre fils chéri des bras prêts à l'y serrer ! Je jouis d'avance du bonheur que vous allez éprouver.

Vous voir heureux l'un et l'autre, c'est tout ce que je désire.

Je crains, madame, d'avoir déjà trop abusé de vos bontés par la longueur de ma lettre. Je désirerais cependant que vous me permettiez de ne pas la finir sans vous remercier de votre précieux souvenir, et sans vous assurer qu'on ne peut rien ajouter aux sentiments remplis de respect et d'admiration que vous avez su inspirer au capitaine

La Tour d'Auvergne-Corret.

Recevez avec indulgence mes excuses d'un griffonnage qui n'est pas conforme aux bienséances reçues, mais en recommençant ma lettre, je perdrais l'occasion du courrier qui me presse et qui va partir.

On voit par cette lettre que le congé ne fut pas obtenu sans de puissantes interventions, et on peut croire, malgré l'emphase naïve du style qu'on vient de lire, que le chef de brigade Ordener fut peu bienveillant pour *le caporal*. Au reste, la campagne était finie, mon père put donc quitter les rochers de la Suisse et accourir à Paris, d'où il écrivit à sa mère la lettre suivante :

LETTRE L

Paris.

Je me vois, ma bonne mère, écroué, scellé, attaché à Paris jusqu'à ce qu'on m'ait présenté à Bonaparte. C'est la volonté expresse de M. de la Tour d'Auvergne, et comme il veut qu'on suive exactement ses avis, nous eussions couru risque de nous brouiller avec lui si nous ne nous y étions pas conformés. Il veut que j'aille t'embrasser *officier*. Cela s'arrange mal avec mon impatience! Mais il le faut. Je dois être présenté à Buonaparte dans trois ou quatre jours. Cette démarche fixera nos espérances et notre conduite future. Je voudrais bien que tu suivisses ton projet de venir à Paris! Tous tes amis ne font qu'un cri après toi. On t'a parlé d'un appartement chez madame de Maleteste. Elle me l'a offert de la meilleure grâce du monde, mais je doute que cela t'arrange. Je t'ai trouvé, dans la même maison qu'habitent les Rodier, un appartement au second, très-beau, composé de deux chambres à coucher, salon, boudoir, salle à manger, etc., pour trois cents livres, rue Saint-Honoré, près la rue Royale. Si nous pouvions toucher bientôt nos revenus, cela te conviendrait. Ce serait bien joli si, à ton arrivée ici, ou à mon arrivée à Nohant, j'avais l'épaulette! Mon pis-aller, si nous n'obtenons pas cela, serait de changer de régiment et de n'avoir plus affaire à ce grand diable d'Ordener. Le général Lacuée me fait beaucoup espérer. Ta présence ici, ma bonne mère, avancerait peut-être beaucoup mes affaires, car je n'ai jamais vu personne résister à tes manières et à tes discours. Enfin, je brûle d'impatience de t'embrasser, et il y a des moments où je suis prêt à tout envoyer au diable pour courir vers toi. J'ai beau être ici au milieu des jouissances et d'un bien-être qui, au sortir de ma rude campagne, me fait l'effet d'un rêve, le plus précieux des biens me manque, et c'est toi. Arrive, arrive, ou je pars pour te rejoindre.

J'ai beau être bon à marier, comme tu dis, ne crains pas que cette fantaisie me prenne de sitôt. Comment voudrais-tu qu'un fourrier de chasseurs, l'homme le plus leste qui soit au monde, allât s'empêtrer d'un ménage et se faire père de famille? Peste! de l'humeur dont sont les femmes maintenant, je ne serais pas plutôt parti pour quelque expédition qu'on m'expédierait la plus solennelle coiffure!... Merci bien! Adieu, ma bonne mère, je grille de t'embrasser.

La bonne mère alla effectivement à Paris. La présentation à Bonaparte eut lieu, et il en résulta des promesses et des encouragements brefs, à la condition de faire la guerre et de s'y distinguer. Le jeune homme ne demandait pas mieux. Le général Lacuée demanda pour lui qu'il fût adjoint à l'état-major général de l'armée. On verra ce que c'était que ces états-majors qui tentaient l'ambition des jeunes gens, et qui furent dans ce premier moment composés à la hâte de ceux qu'on voulait satisfaire. Mon jeune père passa l'hiver à Paris avec sa mère, toujours occupé de musique et voyant de nombreux amis. La puissance de Bonaparte s'établissait avec une rapidité magique, et par les moyens, cependant, les plus naturels : la satisfaction donnée à tous les intérêts blessés par dix années de lutte formidable et d'anarchie dissolvante. On sait tout ce que cet homme de génie fit pour consolider l'état moral et matériel de la France dans le cours de l'année 1800, qui venait de s'ouvrir. L'alliance de la Russie et de l'Espagne conquise et assurée, la ligne du Rhin garantie par les savantes campagnes de Moreau et les exploits chevaleresques de Lecourbe et de Richepanse, notre armée poussée par eux jusqu'aux portes de Vienne, le Saint-Bernard franchi, les Autrichiens battus à Montebello et à Marengo ; Masséna rentrant à Gênes en vainqueur, quinze jours après en être sorti, à la suite du plus glorieux des sièges;

la Toscane occupée par les Français, l'alliance formée avec le pape, Naples réduite à demander grâce, le passage du Mincio, l'Autriche forcée à se détacher de l'Angleterre et à accepter les conditions d'une paix si opiniâtrément disputée; enfin, en Égypte, l'admirable revanche de Kléber à Héliopolis; les États-Unis réconciliés avec nous, et se joignant, comme la Suède et la Russie, à la ligue maritime contre l'Angleterre, tels sont les événements grandioses et merveilleux qui, grâce à Napoléon aidé de plusieurs généraux illustres, remplirent cette année mémorable. Je les résume ici sans ordre, et il importe peu. Je ne fais pas l'histoire, mais je la traverse à la suite d'un témoin oculaire de quelques-uns de ces événements fameux; et ce témoin, qui les a sentis avec l'énergie de la jeunesse, va continuer à les raconter avec la simplicité et le charme qu'on trouve rarement quand on raconte pour le public.

L'année 1800 vit tomber trois héros, Kléber, Desaix et la Tour d'Auvergne : les deux premiers illustrés par le génie des grandes opérations militaires, le troisième jeté par goût et par choix dans une vie aussi agitée, mais moins éclatante, gloire modeste et pure qui touche à l'idéal par l'excès du désintéressement et le recueillement d'une vie savante et studieuse portée à travers le tumulte des camps. Le premier grenadier des armées de la république périt au champ d'honneur le 28 juin 1800, en avant de Neubourg, dans un combat héroïque. Il fut pleuré de l'armée entière, mon père le pleura en Italie, quelques jours après la bataille de Marengo.

A la fin de floréal, mon père ayant obtenu de passer dans le 1er régiment de chasseurs, avec la promesse de faire la campagne avec le général Dupont, en qualité d'adjoint à l'état-major, partit pour rejoindre ce général et lui présenter ses lettres de recommandation.

LETTRE LI

Lyon, le 25 floréal an VIII (mai 1800).

Je suis arrivé hier soir, ma bonne mère, après avoir éprouvé des cahots tels que le courrier lui-même en était malade. Quant à moi, je te proteste que je n'étais pas plus fatigué qu'en quittant Paris. Avant de me coucher, je me suis muni d'un ample souper, et, digne émule de Roger bon temps, j'attends ici jusqu'à demain, dans une bonne auberge, le départ du courrier de Genève. Cependant, la nuit que je viens de passer m'a semblé longue. A tout moment je me réveillais me croyant encore près de toi et te disant adieu. Et tout à coup j'étais bien loin, bien loin, et je voulais retourner, parce qu'il me semblait que je ne t'avais pas embrassée. En effet, je suis déjà bien loin et prêt à aller plus loin encore. L'imagination ne se fait pas tout de suite à ces grands changements, surtout lorsque les doux souvenirs sont encore comme une réalité présente !

Tout le monde ici m'assure que l'état-major général n'est plus à Genève, mais à Lausanne. Cela m'est à peu près indifférent, car Genève est sur ma route, et j'en serai quitte pour aller porter mes lettres de recommandation un peu plus loin.

Je suis jusqu'à présent assez peu content de Lyon. La partie des quais du Rhône est fort pittoresque, mais l'intérieur de la ville, avec ses hautes maisons et ses rues étroites, est triste, sombre et sale. Il y a autant de population, proportion gardée, et de mouvement qu'à Paris ; mais c'est un mouvement triste, affairé, c'est l'agitation du travail et non celle des plaisirs. Au reste, je vois peut-être en noir, j'ai l'esprit tout rempli de nos adieux ; je ne t'embrasse plus matin et soir, je ne te vois plus, et, privé de toi, quel séjour me serait agréable ?

Je te remercie d'avoir consenti à aller aux Italiens pour te distraire. Qu'est-ce qu'on a donné ? Y as-tu fait attention ? Figure-toi qu'en fait de distraction et de musique pendant le voyage, mon compagnon de route, le courrier, homme pieux, s'est mis à me faire des exhortations chrétiennes, et dans les intervalles il chantait des litanies et quelques petits morceaux détachés de la grand'messe. Et il chantait juste comme Deschartres. Ce qui achevait de le rendre tout à fait récréatif, c'est qu'il était sourd à ne pas entendre le canon, si bien qu'il n'avait pas à craindre de se laisser entamer par une controverse. Je l'ai donc laissé parler et chanter tout à son aise, et je pensais à toi, à nos amis, au présent, à l'avenir, et au bout de mes réflexions, je revenais toujours à toi. C'est ce que j'aurai toujours de mieux à faire pour me donner du courage et me consoler.

Adieu, ma bonne mère, je t'embrasse de toute mon âme.

LETTRE LII

Lausanne, le 28 floréal (mai 1800).

Ma bonne mère, je n'ai point trouvé l'état-major à Genève. Il est en route pour passer les monts. C'est, je crois, même déjà fait. Je suis à sa poursuite. Nous avons formé à Genève une caravane avec six officiers rejoignant l'état-major et le quartier général. Nous partons demain matin, et nous irons, je crois, souper chez les moines du mont Saint-Bernard. Je suis maintenant à Lausanne, et je t'écris sur un bout de table. C'est ici une confusion du diable. Le consul en est parti ce matin ; mais les administrations y sont encore. Je vais donc voir en réalité le grand Saint-Bernard, et je te dirai si la décoration de Feydeau ressemble à la nature, et si les moines chantent aussi bien que Chérubini les fait chanter à Paris.

Adieu, ma bonne mère, je t'embrasse mille fois de toute mon âme, et vais me reposer des fatigues de la journée sur un assez mauvais lit que j'ai enfin trouvé.

LETTRE LIII

Au quartier général, Verres, le 4 prairial.

Enfin m'y voilà ! Ce n'est pas une petite affaire que de voyager sans chevaux à travers des montagnes, des déserts affreux et des villages ruinés. Chaque jour je manquais l'état-major d'une journée. Il s'est enfin arrêté vis-à-vis le fort de Bard, qui nous empêche d'entrer en Italie ; nous sommes maintenant au milieu des précipices du Piémont. Je me suis présenté hier, aussitôt en arrivant, au général Dupont. Il m'a fort bien reçu. Je suis adjoint à son état-major, et j'en recevrai ce matin l'expédition et le brevet. Je t'établis d'abord ce fait, afin de te débarrasser de l'inquiétude et de l'impatience qui t'eussent rendu insupportable toute narration préalable. Me voilà donc dans un pays où nous mourons de faim. Les figures qui composent cet état-major, à l'exception des trois généraux, m'ont paru toutes assez saugrenues. Je remarque pourtant, depuis vingt-quatre heures que je suis ici, que les aides de camp et l'adjudant général me témoignent plus d'égards qu'à tous ceux qui sont là. Je crois comprendre pourquoi. Je te le dirai plus tard, quand j'aurai mieux examiné.

J'ai traversé le mont Saint-Bernard. Les descriptions et les peintures sont encore au-dessous de l'horreur de la réalité. J'avais couché la veille au village de Saint-Pierre, qui est au pied de la montagne, et j'en partis le matin à jeun pour me rendre au couvent, qui est situé à trois lieues au-dessus, c'est-à-dire dans la région des glaces et des éternels frimas. Ces trois lieues se font dans la neige, à travers les rochers. Pas une plante, pas un arbre, des cavernes et des abîmes à chaque pas. Plusieurs avalanches qui étaient tombées la veille achevaient de rendre le chemin impraticable. Nous sommes tombés plusieurs fois dans la neige jusqu'à la ceinture. Hé bien ! à travers tous ces obstacles, une demi-brigade portait sur ses épaules ses canons et ses caissons, et les hissait de rochers en rochers. C'était le spectacle le plus extraordinaire qu'on puisse imaginer que l'activité, la résolution, les cris et les chants de cette armée. Deux divisions se trouvaient réunies dans ces montagnes. Le général Harville les commandait. C'est pour le coup qu'il était transi ! En arrivant chez les moines ce fut la première personne que je rencontrai. Il fut fort étonné de me retrouver si haut, et, tout en grelottant, me fit assez d'amitiés, sans me parler toutefois de ma désobéissance et m'exprimer ni approbation ni blâme. Peut-être l'eût-il fait dans un autre moment, mais il ne pensait qu'à déjeuner, et il m'invita à déjeuner avec lui. Mais, ne voulant pas quitter mes compagnons de voyage, je le remerciai. Je causai avec le prieur pendant le repas très-frugal qu'il nous fit servir. Il me dit que son couvent était le point habité le plus élevé de l'Europe, et me montra les gros chiens qui l'aident à retrouver les gens engloutis par les avalanches. Buonaparte les avait caressés une heure auparavant, et, sans me gêner, je fis comme Buonaparte. Je fus fort étonné lorsque, disant à ce bon prieur que les vertus hospitalières de ses religieux étaient exposées, sur nos théâtres, à l'admiration publique, j'appris de lui qu'il connaissait la pièce. Après lui avoir fait nos adieux avec cordialité, nous descendîmes pendant sept lieues pour nous rendre à la vallée d'Aoste, en Piémont. Je marchai pendant dix lieues, faisant porter mes bagages par des mules. Arrivé à Aoste, je courus au palais du consul pour voir Leclerc. La première personne que j'y rencontrai ce fut Buonaparte. Je fus à lui pour le remercier de ma nomination. Il interrompit brusquement mon compliment pour me demander qui j'étais. — Le petit-fils du maréchal de Saxe. — Ah oui ! ah bon ! Dans quel régiment êtes-vous ? — 1er de chasseurs. — Ah bien ! mais il n'est pas ici. Vous êtes donc adjoint à l'état-major ? — Oui, général. — C'est bien, tant mieux ; je suis bien aise de vous voir. Et il tourna le dos... Avoue que j'ai toujours de la chance, et que quand on l'aurait fait exprès on n'aurait pas fait mieux. Je suis d'emblée adjoint à l'état-major, et de l'aveu de Buonaparte, sans attendre ces *fameux mortels trois mois.* Pour que tes lettres me parviennent sûrement, adresse-les au citoyen Dupin, adjoint à l'état-major général de l'armée de réserve, au quartier général, sans désignation de lieu. On fera suivre.

Ce fort que nous avons en avant de nous[1] nous empêchait de passer en Italie, mais on a pris la résolution de le tourner, de manière que le quartier général ira s'établir demain à Ivrea. J'en suis fort aise, car ici nous sommes réduits à une demi-ration de nourriture, et mon diable d'estomac ne veut pas se soumettre à une demi-ration d'appétit. Tu as bien fait de m'engraisser à Paris, car je ne crois pas qu'ici on s'en occupe.

[1] Le fort de Bard.

Adieu, ma bonne mère; je t'embrasse bien tendrement. Je voudrais bien que cette nouvelle séparation te fût moins cruelle que les autres. Songe qu'elle ne sera pas longue et qu'elle aura de bons résultats.

LETTRE LIV

Prairial an VIII (sans date).

Ouf! nous y voilà, nous y voilà! respirons! où donc? A Milan; et si nous allons toujours de ce train-là, bientôt, je crois, nous serons en Sicile. Buonaparte a transformé le vénérable état-major général en une avant-garde des plus lestes. Il nous fait courir comme des lièvres, et tant mieux! Depuis Verres pas un moment de repos. Enfin nous sommes ici d'hier, et j'en profite pour causer avec toi. Je vais reprendre notre marche depuis le départ du susdit Verres. Je t'ai parlé, je crois, du fort de Bard, seul obstacle qui nous empêchât d'entrer en Italie. Buonaparte, à peine arrivé, ordonne l'assaut. Il passe six compagnies en revue. « Grenadiers, dit-il, il faut monter là cette nuit, et le fort est à nous. » Quelques instants après, il fut s'asseoir sur le bout d'un rocher, je suivis et me plaçai derrière lui. Tous les généraux de division l'entouraient : Loison lui faisait de fortes objections sur la difficulté de grimper à travers les rochers sous le feu de l'ennemi, fortifié de manière qu'il n'avait qu'à allumer les bombes et les obus, et à les laisser rouler pour nous empêcher d'approcher. Buonaparte ne voulut rien entendre et, en repassant, il répéta aux grenadiers que le fort était à eux. L'assaut fut ordonné pour deux heures après minuit. N'étant point monté, et le fort étant à deux lieues du quartier général, je n'avais point l'ordre d'y aller. Je rentrai donc à Verres avec mes compagnons de promenade, et, après souper, je souhaite le bonsoir à chacun, et sans rien dire je repars pour le fort de Bard. On arrive à ce fort par une longue vallée bordée de rochers immenses, couverts de cyprès. Il faisait une nuit obscure, et le silence qui régnait dans ce lieu sauvage n'était interrompu que par le bruit d'un torrent qui roulait dans les ténèbres, et par les coups sourds et éloignés du canon du fort. J'avance lestement. J'entends déjà les coups plus distinctement, bientôt j'aperçois le feu des pièces. Bientôt je suis à portée. Je vois deux hommes couchés derrière une roche contre un bon feu. Jugeant que le général Dupont doit être avec le général en chef, je vais leur demander s'ils n'ont pas vu passer ce dernier. Le voilà! me dit l'un d'eux en se levant, c'était Berthier lui-même. Je lui dis qui j'étais et qui je cherchais. Il m'indiqua où était le général Dupont. Il était sur le pont de la ville de Bard ; j'y vais, et je le trouve entouré de grenadiers qui attendaient le moment de l'attaque. Je me mêle à sa suite, et au moment où il tournait la tête, je lui souhaite le bonsoir. — Comment, me dit-il tout étonné, vous êtes là sans ordres et à pied? — Si vous voulez bien le permettre, mon général. — A la bonne heure! L'attaque commence, et vous venez au bon moment.

On fit passer six pièces et des caissons au pied du fort. Les aides de camp du général les accompagnèrent, et je les suivis toujours en me promenant. A moitié de la ville il nous arriva trois obus à la fois. Nous entrâmes dans une maison ouverte, et après les avoir laissés éclater, nous continuâmes notre route et revînmes toujours escortés de quelques grenades ou de quelques boulets. L'attaque fut sans succès. Nous grimpâmes jusqu'au dernier retranchement, mais les bombes et les obus que l'ennemi lançait et roulait dans les rochers, des échelles trop courtes, des mesures mal prises firent tout échouer, et l'on se retira avec perte.

Le lendemain matin nous partîmes pour Ivrea. Nous tournâmes le fort en grimpant, hommes et chevaux, à travers des roches, par un sentier où les gens du pays n'avaient jamais osé mener des mulets. Aussi plusieurs des nôtres furent précipités. Un cheval de Buonaparte se cassa la jambe. Arrivés à un certain point qui domine le fort, Buonaparte s'arrêta et lorgna, de fort mauvaise humeur, cette bicoque contre laquelle il venait d'échouer. Après mille fatigues, nous arrivâmes dans la plaine, et comme j'étais à pied, le général Dupont, satisfait de ma promenade de la veille, me donna un de ses chevaux à monter. Je cheminai avec ses aides de camp, ceux de Buonaparte et ceux de Berthier, et au milieu de cette troupe brillante, un des aides de camp du général Dupont, nommé Morin, prit la parole et dit : Messieurs, sur trente adjoints à l'état-major général, M. Dupin, arrivé d'avant-hier soir, et n'ayant pas encore de cheval, est le seul qui fût avec le général à l'attaque du fort. Les autres étaient restés prudemment couchés. Il faut que je te dise maintenant ce que j'avais deviné au premier coup d'œil, c'est que cet état-major est une pétaudière des plus complètes. On y donne le titre d'adjoint et on y attache quiconque est sans corps et sans distinction positive. Nous sommes cependant huit ou dix qui valons mieux que les autres et qui faisons société ensemble. L'état-major s'épure à mesure que nous avançons : on laisse les ganaches et les casse-dos pour le service des différentes places que nous traversons. Lacuée s'est bien trompé en te faisant valoir ces grands avantages de mon emploi. Nous sommes bien moins considérés que les aides de camp. Nous courons comme des ordonnances, sans savoir ce que nous portons. Nous ne faisons point société avec le général et nous ne mangeons point avec lui.

Lorsque nous fûmes à Ivrea, je vis bien qu'en avançant toujours je ne recevrais pas mes chevaux de sitôt. Je pris le parti d'aller de mon pied léger aux avant-postes. On avait pris des chevaux la veille. Un officier du 12ᵉ hussards m'en céda pour quinze louis un qui en vaudrait trente à Paris. C'est un hongrois sauvage, qui appartenait à un capitaine ennemi. Il est gris-pommelé. Ses jambes sont d'une finesse et d'une beauté incomparables. Le regard est de feu, la bouche légère, et par-dessus tous ces avantages, il a les manières d'une bête féroce. Il mord tous ceux qu'il ne connait pas, et ne se laisse monter que par son maître. C'est avec bien de la peine que je suis venu à bout de l'enfourcher : ce coquin-là ne voulait pas servir la France. A force de pain et de caresses j'en suis venu à bout. Mais dans les premiers jours il se cabrait et mordait comme un démon. Une fois qu'on est dessus, il est doux et tranquille. Il court comme le vent et saute comme un chevreuil. Lorsque mes deux autres seront arrivés, je pourrai le vendre.

Voilà la poste qui arrive. Adieu, ma bonne mère, je n'ai que le temps de t'embrasser. Adieu, adieu,

CHAPITRE QUATORZIÈME

Court résumé. — Bataille de Marengo. — Turin, Milan en 1800. — Brigands sur les routes. — Mission.

Mais si je continue l'histoire de mon père, on me dira peut-être que je tarde bien à tenir la promesse que j'ai faite de raconter ma propre histoire. Faut-il que je rappelle ici ce que j'ai dit au commencement de mon livre? Tout lecteur a la mémoire courte, et au risque de me répéter, je résumerai de nouveau ma pensée sur le travail que j'ai entrepris.

Toutes les existences sont solidaires les unes des autres, et tout être humain qui présenterait la sienne isolément, sans la rattacher à celle de ses semblables, n'offrirait qu'une énigme à débrouiller. La solidarité est bien plus évidente encore lorsqu'elle est immédiate comme celle qui rattache les enfants aux parents, les amis aux amis du passé et du présent, les contemporains aux contemporains de la veille et du jour même. Quant à moi (comme quant à vous tous), mes pensées, mes croyances et mes répulsions, mes instincts comme mes sentiments

CHAPITRE QUATORZIÈME.

seraient un mystère à mes propres yeux, et je ne pourrais les attribuer qu'au hasard, qui n'a jamais rien expliqué en ce monde, si je ne relisais pas dans le passé la page qui précède celle où mon individualité est inscrite dans le livre universel. Cette individualité n'a par elle seule ni signification ni importance aucune. Elle ne prend un sens quelconque qu'en devenant une parcelle de la vie générale, en se fondant avec l'individualité de chacun de mes semblables, et c'est par là qu'elle devient de l'histoire.

En outre de cette vérité banale et que personne, j'imagine, ne contestera, j'ai exposé la grande influence que j'attribue à l'hérédité d'organisation, et qui me paraît une vérité aussi banale que l'autre. Je n'ai pas conclu et je me garderais bien de conclure que cette hérédité dût entraîner une fatalité absolue ; mais elle a assez d'influence sur nous pour empêcher que notre liberté soit absolue. Les mêmes instincts, les mêmes tendances produisent des résultats différents, parce que le milieu que nous traversons n'est jamais identique au milieu traversé par ceux qui nous ont précédés. Il y a encore cette distinction à faire, que toute tendance, même dangereuse en apparence, peut être dirigée vers le bien ; que l'instinct de la violence peut devenir la férocité ou la bravoure, selon les enseignements et les circonstances ; de même que celui de la tendresse peut devenir le dévouement ou la faiblesse. Identité d'éléments, diversité infinie dans la combinaison de ces éléments, c'est la loi invariable qui préside à toutes choses dans l'univers, et il est impossible de rien comprendre sans constater cette loi. L'affaire de la raison et de la conscience humaine, c'est de trouver un équilibre et une harmonie entre ces deux termes, l'identité et la diversité. C'est l'action de Dieu dans la création universelle, c'est la logique de l'homme dans le gouvernement de sa propre existence.

Ceci posé, et pour n'y plus revenir, j'affirme que je ne pourrais pas raconter et expliquer ma vie sans avoir raconté et fait comprendre celle de mes parents. C'est aussi nécessaire dans l'histoire des individus que dans l'histoire du genre humain. Lisez à part une page de la révolution ou de l'empire, vous n'y comprendrez rien si vous ne connaissez toute l'histoire antérieure de la révolution et de l'empire; et pour comprendre la révolution et l'empire, encore vous faut-il connaître toute l'histoire de l'humanité. Je raconte ici une histoire intime. L'humanité a son histoire intime dans chaque homme. Il faut donc que j'embrasse une période d'environ cent ans pour raconter quarante ans de ma vie.

Je ne puis coordonner sans cela mes souvenirs. J'ai traversé l'empire et la restauration. J'étais trop jeune au commencement pour comprendre par moi-même l'histoire qui se faisait sous mes yeux et qui s'agitait autour de moi : j'ai compris alors tantôt par persuasion, tantôt par réaction, à travers les impressions de mes parents. Eux, ils avaient traversé l'ancienne monarchie et la révolution. Sans leurs impressions, les miennes eussent été beaucoup plus vagues, et il est douteux que j'eusse conservé des premiers temps de ma vie un souvenir aussi net que celui que j'ai. — Or, ces premières impressions, quand elles ont été vives, ont une importance énorme, et tout le reste de notre vie n'en est souvent que la conséquence rigoureuse.

SUITE

DE L'HISTOIRE DE MON PÈRE.

J'ai laissé mon jeune soldat quittant le fort de Bard, et pour rappeler sa situation au lecteur, je citerai, d'une lettre datée d'Ivrea et adressée par lui à son neveu René de Villeneuve, quelques fragments à propos des mêmes événements,

Mais d'abord je dirai comment mon père, âgé de vingt et un ans, avait un neveu, son ami et son camarade, plus âgé d'un ou deux ans que lui-même. M. Dupin de Francueil avait soixante ans lorsqu'il épousa ma grand'mère. Il avait été marié en premières noces avec mademoiselle Bouilloud, dont il avait eu une fille. Cette fille avait épousé M. de Villeneuve, neveu de madame Dupin de Chenonceaux, et en avait eu deux fils, René et Auguste, que mon père aima toujours comme ses frères. On peut croire qu'ils le plaisantaient beaucoup sur la gravité de son rôle d'oncle, et qu'il leur fit grâce du respect que son titre réclamait. Une affaire de succession avait élevé quelques différends entre leurs hommes d'affaires, et voici comment, aujourd'hui, mon cousin René s'explique avec moi sur cette contestation. —
« Les gens d'affaires trouvaient des motifs de chi-
» cane, des chances de gain pour nous à entamer
» un procès. Il s'agissait d'une maison et de trente
» mille francs légués par M. de Rochefort, petit-fils
» de madame Dupin de Chenonceaux, à notre cher
» Maurice. Maurice, mon frère et moi, nous répon-
» dîmes aux gens d'affaires que nous nous aimions
» trop pour nous disputer sur quoi que ce soit; que
» s'ils tenaient cependant à se quereller entre eux,
» nous leur donnions la permission de se battre.
» J'ignore s'ils en profitèrent, mais nos débats de
» famille furent ainsi terminés. »

Ces trois jeunes gens étaient bons et désintéressés, sans aucun doute, mais le temps aussi valait mieux que celui où nous sommes. Malgré les vices du gouvernement directorial, malgré l'anarchie des idées, la tourmente révolutionnaire avait laissé dans les esprits quelque chose de chevaleresque. On avait souffert, on s'était habitué à perdre sa fortune sans lâcheté, à la recouvrer sans avarice, et il est certain que le malheur et le danger sont de salutaires épreuves. L'humanité n'est pas encore assez pure pour ne pas contracter les vices de l'égoïsme dans le repos et dans les jouissances matérielles. Aujourd'hui l'on trouverait bien peu de familles où des collatéraux, en présence d'un héritage contestable, termineraient leur différend en s'embrassant et en riant à la barbe des procureurs.

Dans la lettre que mon père écrivit d'Ivrea à l'aîné de ses neveux, il raconte encore le passage du Saint-Bernard et l'attaque du fort de Bard. Les fragments que je vais transcrire montrent combien on agissait gaiement et sans la moindre pensée de vanterie dans ce beau moment de notre histoire.

. . . .

« J'arrive au pied d'un roc, près d'un précipice
» où mon état-major s'était perché. Je me présente
» au général, il me reçoit, je m'installe, je présente
» mon respect à Buonaparte. La même nuit il or-

» donne l'attaque du fort de Bard. Je me trouve à
» l'assaut avec mon général [1]. Les boulets, les bom-
» bes, les grenades, les obus grondent, roulent,
» tonnent, éclatent de tous côtés, nous sommes bat-
» tus, je ne suis point blessé.

» Nous tournons le fort en grimpant à travers
» des rochers et des abîmes. Buonaparte grimpe avec
» nous. Plusieurs hommes roulent dans les préci-
» pices. Nous descendons enfin dans la plaine, on
» s'y battait. Un hussard venait de prendre un beau
» cheval. Je l'achète, et me voilà monté, chose as-
» sez nécessaire à la guerre. Ce matin, je porte un
» ordre aux avant-postes; je trouve les chemins
» jonchés de cadavres. Demain ou cette nuit, nous
» avons une bataille rangée. Buonaparte n'est pas
» patient, il veut absolument avancer. Nous y
» sommes tous fort disposés.

. . . .

» Nous dévastons un pays admirable. Le sang,
» le carnage, la désolation marchent à notre suite.
» Nos traces sont marquées par des morts et des
» ruines. On a beau vouloir ménager les habitants,
» l'opiniâtreté des Autrichiens nous force à tout ca-
» nonner. J'en gémis tout le premier, et tout le

---

[1] *Je me trouve* est bien joli. On a vu qu'il y avait été sans ordres, sans cheval, et *pour le plaisir*.

» premier pourtant cette maudite passion des con-
» quêtes et de la gloire me saisit et me fait désirer
» impatiemment qu'on se batte et qu'on avance.

. . . .

» Si tu savais, mon ami, comme je t'ai regretté
» en passant le Saint-Bernard ! Comme tu te serais
» amusé ! La route, si on peut appeler cela une
» route, était emcombrée d'avalanches tombées dans
» la nuit. On faisait un pas, on en reculait trois. A
» chaque instant on entrait dans la neige jusqu'aux
» oreilles. Arrivés au couvent, les moines nous firent
» déjeuner. Un procédé si noble me transporta pour
» leur institution... Ils me montrèrent leurs gros
» chiens ; ce sont vraiment des animaux de la plus
» belle tournure et de la plus agréable physionomie.
» Je leur fis mille honnêtetés dont ils parurent très-
» satisfaits ; enfin moines, chiens et militaires nous
» nous quittâmes fort bons amis.

. . . .

» Si l'on pouvait choisir son existence, la mienne
» serait de vivre auprès de mes chers neveux, de les
» faire enrager du matin au soir, et, par-dessus tout
» cela, de leur faire des discours et des explications
» à dormir debout. En dépit de la guerre et des con-
» quêtes, je verrai accomplir ce beau souhait, et,
» en attendant, mon ami, je t'embrasse, en te ré-

» pétant que ma vive amitié pour toi est à l'épreuve
» du temps, de l'absence, de l'intérêt, de toutes les
» considérations vulgaires, et même de la bombe et
» du boulet. »

LETTRE LV

DE MAURICE A SA MÈRE

Stradella, 21 prairial.

Nous courons comme des diables. Hier, nous avons passé le Pô et rossé l'ennemi. Je suis très-fatigué, toujours à cheval, chargé de missions délicates et pénibles ; je m'en suis tiré assez bien, et t'en donnerai des détails lorsque j'aurai un peu de temps. Ce soir, je n'ai que celui de t'embrasser et de te dire que je t'aime.

LETTRE LVI

Au quartier général à Torre di Garofolo,
le 27 prairial an VIII.

Historiens, taillez vos plumes ; poëtes, montez sur Pégase ; peintres, apprêtez vos pinceaux ; jour-

CHAPITRE QUATORZIÈME.

nalistes, mentez tout à votre aise ! jamais sujet plus beau ne vous fut offert. Pour moi, ma bonne mère, je vais te conter le fait tel que je l'ai vu, et tel qu'il s'est passé.

Après la glorieuse affaire de Montebello, nous arrivons le 23 à Voghera. Le lendemain nous en partons à six heures du matin, conduits par notre héros, et à quatre de l'après-midi nous arrivons dans les plaines de San Giuliano. Nous y trouvons l'ennemi, nous l'attaquons, nous le battons et l'acculons à la Bormida, sous les murs d'Alexandrie. La nuit sépare les combattants ; le premier consul et le général en chef vont se loger dans une ferme à Torre di Garofolo. Nous nous étendons par terre sans souper, et l'on dort.

Le lendemain matin, l'ennemi nous attaque. Nous nous rendons sur le champ de bataille et nous y trouvons l'affaire engagée. C'était sur un front de deux lieues. Une canonnade et une fusillade à rendre sourd ! Jamais, au rapport des plus anciens, on n'avait vu l'ennemi si fort en artillerie. Sur les neuf heures, le carnage devenait tel, que deux colonnes rétrogrades de blessés et de gens qui les portaient s'étaient formées sur la route de Marengo à Torre di Garofolo. Déjà nos bataillons étaient repoussés de Marengo. La droite était tournée par l'ennemi, dont l'artillerie formait un feu croisé avec le centre. Les boulets pleuvaient de toutes parts. L'état-major était alors réuni. Un boulet passe sous le ventre du cheval de l'aide de camp du général Dupont. Un autre frise la croupe de mon cheval. Un obus tombe au milieu de nous, éclate et ne blesse personne. On délibère pourtant sur ce qu'il est bon de faire. Le général en chef envoie à la gauche un de ses aides de camp, nommé Laborde, avec qui je suis assez lié. Il n'a pas fait cent pas que son cheval est tué. Je vais à la gauche avec l'adjudant général Stabenrath. Chemin faisant, nous trouvons un peloton du 1er de dragons. Le chef s'avance vers nous tristement, nous montre douze hommes qu'il avait avec lui et nous dit que c'est le reste de cinquante qui formaient son peloton le matin. Pendant qu'il parlait, un boulet passe sous le nez de mon cheval, et l'étourdit tellement qu'il se renverse sur moi comme mort. Je me dégage lestement de dessous lui. Je le croyais tué et fut fort étonné quand je le vis se relever. Il n'avait aucun mal. Je remonte dessus, et nous nous rendons à la gauche, l'adjudant général et moi. Nous la trouvons rétrogradant, nous rallions de notre mieux un bataillon. Mais à peine l'était-il, que nous voyons encore plus sur la gauche une colonne de fuyards courant à toutes jambes. Le général m'envoie l'arrêter. C'était là chose impossible. Je trouve l'infanterie pêle-mêle avec la cavalerie, les bagages et les chevaux de main, les blessés abandonnés sur la route et écrasés par les caissons et l'artillerie. Des cris affreux, une poussière à ne pas voir à deux pas de soi. Dans cette extrémité, je me jette hors de la route et cours en avant, criant *halte à la tête!* Je cours toujours : pas un chef, pas un officier. Je rencontre Caulaincourt le jeune, blessé à la tête et fuyant emporté par son cheval. Enfin je trouve un aide de camp. Nous faisons nos efforts pour arrêter le désordre. Nous donnons des coups de plat de sabre aux uns, des éloges aux autres, car parmi ces désespérés il y avait encore bien des braves. Je descends de cheval, je fais mettre une pièce en batterie, je forme un peloton. J'en veux former un second. A peine avais-je commencé que le premier avait déjà déguerpi. Nous abandonnons l'entreprise et courons rejoindre le général en chef. Nous voyons Buonaparte battre en retraite.

Il était deux heures; nous avions déjà perdu, tant prises que démontées, douze pièces de canon. La consternation était générale, les chevaux et les hommes harassés de fatigue. Les blessés encombraient les routes. Je voyais déjà le Pô, le Tésin à repasser, un pays à traverser dont chaque habitant est notre ennemi, lorsque au milieu de ces tristes réflexions un bruit consolateur vient ranimer nos courages. Les divisions Desaix et Kellerman arrivent avec treize pièces de canon. On retrouve des forces, on arrête les fuyards. Les divisions arrivent. On bat la charge et on retourne sur ses pas. On enfonce l'ennemi, il fuit à son tour, l'enthousiasme est à son comble. On charge en riant. Nous prenons huit drapeaux, six mille hommes, deux généraux, vingt pièces de canon, et la nuit seule dérobe le reste à notre fureur.

Le lendemain matin le général Mélas envoie un parlementaire. C'était un général, on le reçoit dans la cour de notre ferme au son de la musique de la garde consulaire, et toute la garde sous les armes. Il apporte des propositions. On nous cède Gênes, Milan, Tortone, Alexandrie, Acqui, Pizzighitone, enfin une partie de l'Italie et le Milanais. Ils s'avouent vaincus. Nous allons aujourd'hui dîner chez eux à Alexandrie. L'armistice est conclu. Nous donnons des ordres dans le palais du général Mélas. Les officiers autrichiens viennent me demander de parler pour eux au général Dupont. C'est en vérité trop plaisant. Aujourd'hui l'armée française et l'armée autrichienne n'en forment plus qu'une. Les officiers impériaux enragent de se voir ainsi donner des lois. Mais ils ont beau enrager, ils sont battus. *Væ victis!*

Ce soir le général Stabenrath, nommé pour l'exécution des articles du traité, et avec lequel j'étais le matin de la bataille, m'a dit en me serrant la main qu'il était content de moi, que j'avais été comme un beau diable, et que le général Dupont en était instruit. Dans le fait, je puis te dire, ma bonne mère, que j'ai été ce qui s'appelle ferme, et toute la journée sous le boulet. Nous avons un nombre infini de blessés, et comme ils le sont tous par le canon, très-peu en reviendront. On en apporta hier une centaine au quartier général, et ce matin la cour était pleine de morts. La plaine de Marengo est jonchée de cadavres sur un espace de deux lieues. L'air est empesté, la chaleur étouffante. Nous allons demain à Tortone; j'en suis fort aise, car outre que l'on meurt de faim ici, l'infection devient telle que dans deux jours il ne serait plus possible d'y tenir. Eh, quel spectacle! on ne s'habitue pas à cela.

Pourtant nous sommes tous de fort bonne humeur, voilà la guerre! Le général en chef a des aides de camp fort aimables et qui me témoignent beaucoup d'amitié. Plus d'inquiétude, ma bonne mère; voilà la paix. Dors sur les deux oreilles. Bientôt nous n'aurons plus qu'à nous reposer sur nos lauriers. Le général Dupont va me faire lieutenant. Vraiment j'allais oublier de te le dire, tant je me suis oublié depuis quelques jours. Comme son aide de camp a été blessé, je lui en sers provisoirement.

Adieu, ma bonne mère; je suis harassé de fatigue et vais me coucher sur la paille. Je t'embrasse de toute mon âme. A Milan, où nous allons ces jours-ci, je t'en dirai plus long et j'écrirai à mon oncle de Beaumont.

LETTRE LVII

*Au citoyen Beaumont, à l'hôtel de Bouillon,
quai Malaquais, Paris.*

Turin, le ... messidor an VIII (juin ou juillet 1800).

Pim, pan, pouf, patatra! en avant! sonne la charge! en retraite, en batterie! nous sommes perdus! victoire! sauve qui peut! Courez à droite, à gauche, au milieu! revenez, restez, partez, dépêchons-nous! Gare l'obus! au galop! Baisse la tête, voilà un boulet qui ricoche.... Des morts, des blessés, des jambes de moins, des bras emportés, des prisonniers, des bagages, des chevaux, des mulets; des cris de rage, des cris de victoire, des cris de douleur, une poussière du diable, une chaleur d'enfer, des f..... des b..... des m..... un charivari, une confusion, une bagarre magnifique : voilà, mon bon et aimable oncle, en deux mots, l'aperçu clair et net de la bataille de Marengo, dont votre neveu est revenu très-bien portant, après avoir été culbuté, lui et son cheval, par le passage d'un boulet, et avoir été régalé pendant quinze heures par les Autrichiens du feu de trente pièces de canon, de vingt obusiers et de trente mille fusils. Cependant tout n'est pas si brutal, car le général en chef, content de mon sang-froid et de la manière dont j'avais rallié des fuyards pour les ramener au combat, m'a nommé lieutenant sur le champ de bataille de Marengo. Je n'ai donc plus qu'un fil dans mon épaulette. Maintenant, couvert de gloire et de lauriers, après avoir été dîner chez papa Mélas et lui avoir donné nos ordres dans son palais d'Alexandrie, nous sommes revenus à Turin avec mon général, nommé ministre extraordinaire du gouvernement français, et nous donnons des lois au Piémont, logés au palais du duc d'Aoste, ayant chevaux, voitures, spectacles, bonne table, etc. Le général Dupont a sagement congédié tout son état-major ; il n'a conservé que ses deux aides de camp et moi, de manière que me voilà adjoint tout seul au ministre. Comme je n'entends pas grand'chose aux affaires, je donne mes audiences dans la salle à manger, parce que, par principe, je ne parle jamais mieux que quand je suis *dans mon assiette*. C'est avec de telles maximes qu'on gouverne sagement les empires.

Malheureusement voilà la guerre terminée; tant pis, car encore trois ou quatre culbutes sur la poussière des champs de bataille, et j'étais général. Cependant je ne perds pas courage. Quelque beau matin, les affaires se brouilleront encore, et nous rattraperons le temps perdu, en nous retapant sur nouveaux frais.

Ne m'en veuillez pas, mon bon oncle, d'être resté si longtemps sans vous écrire. Mais nos courses, nos conquêtes, nos victoires, m'ont absolument pris tous mes instants. Désormais je serai plus exact. Je n'y aurai pas grand'peine, je n'aurai qu'à suivre le mouvement de mon cœur; il me ramène toujours vers mon bon oncle, que j'embrasse de toute mon âme.

Je prie M. de Bouillon d'agréer l'hommage de mon respect.

MAURICE.

Dans une troisième lettre sur la bataille de Marengo, lettre adressée aux jeunes Villeneuve, et commençant ainsi : « *Or, écoutez, mes chers neveux,* » mon père ajoute quelques circonstances omises à dessein dans ses autres lettres. « Votre *respectable* » oncle, après avoir été frisé par un boulet, culbuté » par un autre, lui et son cheval, avoir reçu dans » la poitrine un coup de crosse, ce qui lui procura » un petit crachement de sang qui dura une heure, » et dont il se guérit en courant toute la journée au

» grand trot et au grand galop, etc.... Au reste,
» mes amis, si je ne me suis pas fait tuer, ce n'est
» pas ma faute. . . . .
» Le détail de toutes nos misères serait trop long,
» mais figurez-vous ce que c'est que de rester trois
» grands jours dans des plaines brûlantes, sans rien
» manger. A *Torre di Garofolo* nous avions pour
» tout soulagement un puits pour quatorze cents
» hommes. »

Il finit en disant : « Recevez, mes bons amis,
» vingt-trois embrassades chacun, et présentez mes
» respects à ces dames. »

LETTRE LVIII

*A la citoyenne Dupin, rue de la Ville-l'Évêque,
n° 1305, Faubourg Honoré. Paris.*

Turin, le 10 messidor an VIII (juin 1800).

Gloire, honneur aux vainqueurs ! Le général Dupont quitte Milan pour être à Turin en qualité de ministre extraordinaire de la république française, et pour organiser le gouvernement piémontais. Il congédie en partant tout son état-major, qui, ainsi que j'ai dû te le dire, était fort tristement composé, et il ne garde que ses deux aides de camp et moi. Nous voilà donc souverains et nous gobergeant comme des potentats. En arrivant ici j'ai trouvé un brevet de lieutenant. Le général Dupont en a fait la demande au général en chef, qui en a rédigé les termes lui-même : *Nomme le citoyen Dupin lieutenant sur le champ de bataille de Marengo.* Ma foi, c'est une jolie date ! je n'ai plus qu'un pas à faire pour être capitaine, et non pas *dix ans* à attendre, comme certaines gens te le disaient. J'ai reçu mes chevaux en bonne santé à Milan, et leur belle tournure y a fait grande sensation.

Celui qui va te porter et te remettre ma lettre est le meilleur et le plus aimable garçon de la terre, brave comme un canon, fou comme un braque ; il a été nommé chef d'escadron sur le champ de bataille. C'est Laborde, aide de camp de Berthier, celui qui eut son cheval tué sous lui à Marengo. Il est aimé et estimé du consul et de tous les généraux. Il m'a marqué beaucoup d'amitié, m'a fait valoir de son mieux, et enfin m'a servi en ami. Je n'ai pas besoin de t'engager à le recevoir à merveille. Maintenant me voilà débarrassé de cette foule d'adjoints de toutes les espèces, seul conservé, et faisant les fonctions d'aide de camp du ministre plénipotentiaire.

Les Italiens qui nous trahissaient hier sont ceux

qui aujourd'hui nous assomment de leurs salutations, adulations, protestations, courbettes et bassesses. Ce sont les plus plates gens du monde. Ils croient nous faire grand plaisir, quand nous entrons au spectacle, de faire jouer le *Ça ira*. Passe encore pour la *Marseillaise*, mais je veux que la peste m'étouffe s'ils la jouent de bon cœur.

Je voudrais bien que ton séjour à Paris se prolongeât, car le général Dupont va, dit-on, y retourner sous peu de jours, et je l'y suivrais. Quel bonheur de t'embrasser sitôt et après une campagne où, Dieu merci, tu n'as pas eu le temps d'être inquiète ! Je n'ai pas celui de t'en dire davantage, ma bonne mère, sur nos grandeurs et nos splendeurs de Turin, que je changerais de bon cœur pour nos petites chambres de Paris avec toi.

Laborde part, et vite adieu. Je t'embrasse.

LETTRE LIX

Turin, le 10 thermidor an VIII.

Je savais déjà, ma bonne mère, que nous allions être remplacés à Turin par Jourdan, et le général, pour avoir des détails sur ce remplacement, nous avait envoyés avant-hier à Milan, Morin et moi, auprès du général Masséna. Nous sommes revenus ce soir avec une réponse très-satisfaisante. Masséna, après nous avoir très-bien reçus, nous chargea de dire au général Dupont que, dans le cas où il quitterait Milan, il serait toujours reçu par lui en camarade, et employé de la manière la plus convenable. Par conséquent, si la guerre recommence, comme Masséna l'a dit pendant le dîner, nous irons probablement commander une division. Tout cela m'arrangerait parfaitement, car jamais je n'ai été si avide de combats et de gloire. Puis, tout bien considéré, c'est un sot métier que le nôtre quand on ne se bat pas. Quand nous ne tuons personne, on a toujours l'air de nous demander ce que nous faisons de nos sabres et de nos uniformes, et nous sommes regardés comme les êtres les plus inutiles de la société. Mais cent bouches d'airain, cent bataillons viennent-ils menacer notre territoire, bien vite on nous proclame les vengeurs, les soutiens, les héros de la France. Nous sommes comme les manteaux, dont on se sert quand on voit venir la pluie, et qu'on oublie quand il fait beau.

J'ai retrouvé Milan bien différent de ce qu'il était à notre premier passage. Ce n'est plus cette cité effrayée et incertaine de son sort, ces rues désertes, ces habitants consternés. C'est l'image de l'abondance, du luxe et des plaisirs. Le cours est brillant

CHAPITRE QUATORZIÈME.

comme l'étaient jadis nos boulevards. Quatre files de voitures et de wiskis y circulent tous les soirs. Les bals sont superbes, et à Milan comme à Paris, les émigrés sont enchantés de venir respirer l'air natal. On donnait au grand théâtre le *Barbier de Séville* de Paesiello. J'en ai été enchanté. Le morceau que chante Almaviva déguisé en maître de musique est une mélodie ravissante. Le *quinque* dans lequel on envoie Basile *al letto* est d'une richesse d'harmonie et d'un effet remarquables. Je conçois maintenant comment on passe sur l'ennui de récitatifs et d'intrigues que les chanteurs ne se donnent pas la peine de jouer pour arriver à de pareilles beautés.

A notre retour, le général m'a questionné longuement sur notre voyage. C'était une joie incroyable dans la maison de nous revoir. On avait fait courir le bruit que nous avions été assassinés sur la route. En effet, elle est fort dangereuse, et la veille de notre passage, il y avait eu deux voitures attaquées et pillées, et un courrier tué. Nous avions pris, Morin et moi, de vigoureux moyens de défense. D'abord notre voiture était une calèche découverte, d'où nous pouvions voir venir, et très-élevée, de manière à pouvoir surveiller la route et les postillons. Ensuite nous avions chacun un fusil à deux coups chargé à balles et à chevrotines, deux pistolets et nos sabres. Toutes ces précautions ne furent point inutiles. A Buffalora, le maître de poste fit difficulté de nous donner des chevaux, disant que nous serions attaqués. Il était onze heures du soir. Nous ne tînmes compte de ses frayeurs, et nous partîmes. Au bout d'une heure de marche, comme je regardais continuellement à droite et à gauche dans les hautes haies qui bordent la route, je vis distinctement des hommes qui en sortaient par un passage étroit. Aussitôt je me lève et je les couche en joue, Morin en fit autant, et notre contenance effraya les autres, que nous vîmes apparaître et disparaître au même instant. Ils sont plusieurs bandes assez bien organisées, mais pas encore aguerries. Si on les laisse faire, ils vous attaquent en plein jour. Si on ne les craint pas, ils fuient dans les ténèbres. On ne conçoit pas que dans un pays si riche les habitants soient des brigands, et pourtant ce sont tous des paysans et même les habitants des villages, et ils font souvent leurs coups à la porte de leurs demeures.

Tu me grondes d'avoir été si longtemps sans t'écrire. Je n'y comprends rien. Je n'ai point passé vingt-sept jours sans te donner de mes nouvelles, et je t'ai écrit le surlendemain de la bataille. Au reste, en un mot comme en cent, ne sois jamais inquiète de moi. Jamais il ne m'arrive rien de fâcheux. C'est un principe.

Adieu, ma bonne mère, je t'aime et je t'embrasse

de toute mon âme. J'embrasse bien tendrement mon bon, mon vrai ami Deschartres; je veux qu'il ne soit pas fâché contre moi si je ne lui écris pas. C'est tout au plus si j'ai le temps de t'écrire, à toi, et te donner de mes nouvelles c'est lui en donner aussi. J'embrasse ma chère vieille bonne, je ne l'oublie pas. Envoie-moi donc l'adresse de Lefournier, je ne la sais pas, et je crois que je ne la saurai jamais, si tu ne me la donnes en lettres d'affiches.

LETTRE LX

Milan, le ... fructidor an VIII (septembre 1800).

Il y a bien longtemps que je ne t'ai écrit, ma bonne mère; mais les derniers temps de notre séjour à Turin ont été si remplis, nous avons eu tant à faire pour mettre en ordre le reste de notre ministère! A peine arrivés à Milan, nous avons eu tant de visites à rendre avec le général Dupont, que, jusqu'à présent, je n'ai pu te donner de mes nouvelles. Le général continue à me montrer beaucoup d'intérêt, Tes lettres n'y ont pas peu contribué. Je suis de tous ses voyages, de toutes ses parties. Il a laissé à Turin Decouchy et Merlin, et quoiqu'il m'eût donné, le soir de son départ, l'ordre d'accompagner à Paris le monument qu'il envoie pour Desaix, une heure après que je fus couché il me fit réveiller pour partir avec lui. J'en fus fort aise, car c'eût été une grande et sotte corvée que d'escorter vingt voitures et d'aller passer quelques jours à Paris quand tu n'y es plus. Le général vient d'être nommé lieutenant général. Il commande dix-huit mille hommes qui forment l'aile droite. Brune a passé aujourd'hui la revue de la division avec lui, et nous partons demain soir pour Bologne. Nous passons par Modène, Reggio et Plaisance. Tu vois que je suis un jeune homme qui fera du chemin, sinon son chemin. Mes chevaux et mes gens sont restés à Turin avec ceux du général, et vont venir nous rejoindre à Bologne.

Nous passons notre temps ici à courir en voiture et à faire des dîners. Nous en faisons de fort bons chez Pétiet, le ministre de France. Le soir, nous allons au cours et au spectacle, qui est magnifique. Il y a une cantatrice et un ténor admirables. Les ballets sont fort mal dansés, mais les décorations superbes. En somme, forcé de m'amuser *par ordre*, je prends le parti de m'amuser pour tout de bon. Milan est fort agréable, mais je suis fort content de m'en aller. Tout cela est bel et bon ; mais deux mois passés dans les plaisirs ne vous avancent pas plus que si vous aviez dormi deux mois. Et deux mois passés dans les camps peuvent me faire capitaine. Et puis il faut courir et voyager quand on est jeune; cette coutume date de Télémaque.

Adieu, ma bonne mère, il faut que j'aille faire mon portemanteau. Je t'embrasse de toute mon âme.

FIN DU TOME DEUXIÈME

ET DE LA PREMIÈRE PARTIE.

www.ingramcontent.com/pod-product-compliance
Lightning Source LLC
Chambersburg PA
CBHW050332170426
43200CB00009BA/1558